『武功夜話』で読む
信長・秀吉ものがたり

阿部一彦
Kazuhiko Abe

風媒社

はじめに

『武功夜話《ぶこうやわ》』は、愛知県江南市に現在も住んでおられる吉田（前野）家の戦国時代の先祖の活躍を記した「家」の記録です。私は戦国時代を描いた軍記としてとくに貴重なものだと考えています。その分類では、「家記《けき》」といいますが、「家の伝記」ともいえるものです。

同家に残されていた多くの史料を整理・編纂し、古老からも聞き取り、事実も確かめ、最初に筆を起こして『武功夜話』としてまとめたのは前野家十六代の吉田雄翟《かつかね》でした。

そのいきさつと執筆の動機について、『武功夜話』の冒頭に、要約すると次のように書かれています。

父親小坂雄善《おさかかつまさ》が清須城を退去したのは慶長七年（一六〇二）だった。その後、自宅の書斎南窓庵《なんそうあん》で、諸事の書留・家伝記・先祖の系図などの散逸をおそれて書き写していたが、関ヶ原の合戦で受けた槍傷がもとで、同十年に、志半ばで亡くなった。そのあとを一念発起して自分が引き継ぎ、書写・編纂を続けた。

天下が平穏に治まっているこの寛永の御代《みよ》に武士を捨てて百姓になった者には無用の事

と思われた。しかし前野一門が立てた武功の数々を捨てがたく、歳月がたち戦場での働きを語る人もいなくなり、古い記録や伝記も雲散霧消してよくわからなくなってしまうのではないかとひどく心配になった。そこでこれらの諸記録をもとに、武功夜話と名づけて一書にまとめようと、寛永十一年（一六三四）の春に筆を染めた。ところが、その年（『別本』に十三年ともある）の夏ごろから眼病を患い思うように書けなくなった。そのためよんどころなく娘の千代に代筆させた。千代は若い身空でよく頑張ってくれ、そのころまだ存命だった祖父の代の清助殿や山の九郎兵衛殿の話も丹念に聞きただし、私の語って聞かせたこともそのまま書き取ってくれた。

『武功夜話』は、尾張国丹羽郡前野村を本拠地とする前野氏の十三代宗康《むねやす》、十四代雄吉《かつよし》、十五代雄善《かつまさ》の時代を中心に描かれています。宗康は岩倉城主織田信安・信賢《のぶかた》に家老として仕え、永禄二年（一五五九）の織田信長の攻撃に敗れ、失意のうちに翌年没します。雄善は関ヶ原の戦いに福島正則の配下として参戦しますが、戦後、不祥事を起こし清須城を退去、浪人となり帰農します。その息子雄翟は総見院で学問に励んでいましたが、還俗して親の跡を継ぎ、庄屋役を仰せつかります。その時、前野・小坂の武士としての名字を捨てて、先祖にゆかりの深い吉田を名乗ることになりました。このことが、「しからばそれがし限りに（武家の家系が）絶え果て候いては聊《いささ》かもって無念と存じ、父祖相伝書を取り《と》纏《まと》め一書となす者なり」と本書執筆へ駆り立てたという切実な思いが語られています。

つまり、信長の父親信秀の時期から関ヶ原の戦いまでの出来事が叙述されているのですが、そのなかでもメインは、十四代の雄吉とその弟、長康《ながやす》・勝長《かつなが》のことです。雄吉は信長の命により、母方の名跡小坂を継ぎ信長家の直轄地の代官を勤めます。雄吉の名乗りからもわかるように信長の次男信雄《のぶかつ》の傅役《もりやく》を任されます。信雄に従い戦場に赴きますが、彼の未熟さに翻弄された半生でもありました。信雄の母親吉乃の実家で、前野家の縁者でもある生駒家の有様や動向も生き生きと描かれています。また末弟の勝長は、富山城主佐々《さっさ》成政《なりまさ》の家老となり、小牧・長久手の戦いの時、反豊臣秀吉同盟を結ぶため厳寒のアルプスを越え、「さらさら越え」を敢行しました。これもやはりかたくなに意志を曲げなかった成政に殉じてしまいます。

織田信長（神戸市立博物館蔵）

三兄弟の物語のなかでも、『武功夜話』は、とりわけ前野将右衛門長康の一代記といっても過言ではないと思います。盟友蜂須賀《はちすか》小六《ころく》とともに桶狭間の戦いで信長を勝利に導き、木曾川筋の川並衆《かわなみしゅう》の力を借りて墨俣築城を成し遂げ、秀吉の股肱《ここう》の臣となり、彼と生涯をともにすることになるのです。尾張の地侍だった長康が、秀吉の出世につれて、ついには大

豊臣秀吉（名古屋市秀吉清正記念館蔵）

名にまで上り詰めます。しかし、秀吉の信頼が厚かったがゆえにかえって豊臣秀次《ひでつぐ》事件で自害を甘受しなければならなくなったのです。その結果、彼とその一族は歴史から抹殺されてしまいます。ですから、『武功夜話』は長康の唯一の伝記史料といってもいいもので、彼の言動を通じて、信長・秀吉の時代を描くという稀有な作品になっているのです。軍記物語は勝者の立場から書かれるのが常ですが、断絶した家、敗者の側から描かれたきわめて貴重なものといえるのです。

一九五九年(昭和三十四)、愛知県を襲った伊勢湾台風で被害を受けた吉田家の土蔵から多くの古文書が発見されました。その中の一つが、『武功夜話』です。それらに着目し、調査を進めていったのが江南市の郷土史家、瀧喜義氏でした。その成果として、一九七八年に岐阜県墨俣《すのまた》町から『墨俣一夜城築城資料』が刊行され、しばらくの間、前野文書は墨俣一夜城関係の史料として評判になりました。瀧氏が、一九八三年に、『前野文書が語る戦国史の展開』を出版し、『武功夜話』の内容も世に知られるところとなり、作家の津本陽、遠藤周作によって、『下天《げてん》は夢か』や『反逆』・『決戦の時』などの作品が書かれました。また、歴史家や評論家の発言も相次ぎました。一九八七年、約十年の歳月を費やして当主龍雲《たつも》氏の弟、蒼生雄《たみお》氏が解読、全訳して、『武功夜話』二十一巻が他の史料と合わせて四巻で新人物往来社から刊行されるに至りました。その翌年には、補巻「千代女書留」も続刊されます。そこには戦国史の常識を覆すような内容・事柄が数多く記されていたためにマスコミにもさかんに取り上げられ脚光を浴びました。

しかしそれと同時に、大きな話題になったため危惧する声もあがりました。その極端な例が「偽書《ぎしょ》」説です。この問題について、長年発言を続けてきたのが藤本正行氏です。氏は、『武功夜話』刊行以前の『墨俣一夜城築城資料』に収められている『永禄墨俣記』を俎上に載せ、『信長公記《しんちょうこうき》』や小瀬甫庵《おぜほあん》の『信長記』『太閤記』に検討を加え、文書の真偽・用語や信長の用兵態度などの疑問を指摘して、「墨俣一夜城」が永禄九年九月、墨俣に秀吉によって築城されたという説は、明治四十年（一九〇七）に渡辺世祐《よすけ》が創作したものだと断定しました。「墨俣一夜城」は捏造されたもので、それを史実であるかのごとく記載しているのだから「偽書」に違いないと主張しているのです（『偽書「武功夜話」の研究』洋泉社新書y）。

歴史学界でも秀吉研究の第一人者三鬼清一郎氏は、『墨俣一夜城築城資料』の蜂須賀彦右衛門正勝が前野将右衛門長康に送った書状が「偽文書《ぎもんじょ》」であると判定を下しました。また、マスコミでも有名な戦国史の権威、小和田哲男氏も、「荒唐無稽な内容が多く、良質の史料とはいえない」（『豊臣秀吉』中公新書）とみなしました。このような見方が、歴史研究者の一般的な傾向でした。しかし、概説書や辞典・事典類では、『武功夜話』が、出版以後も、具体的な記述にはかなり頻繁に利用されているのが目に付きました。

この時点で、両氏は実際に原本をみていませんでしたが、世間の関心も高く強い要望もあって、二〇〇〇年に愛知県史編纂委員の吉田家訪問がおこなわれました。その結論として、織豊部会長の三鬼氏は、すべて江戸時代に作成されたもので、その成立については、江戸時代の中期またはそれ以前にさかのぼることができないと述べ、明治以降成立説を否定し、「偽書」説を退けました（「織豊期研究」第二号）。その後、二〇〇八年には本格的な調査が開始されました。この時、専門委員として同行した藤田達生氏も、「偽書」説を批判し、「良質の史料とはいいがたいかもしれないが、信長や秀吉に関する一次史料の空白を補う参考史料としては、貴重なものである」と認めました（『秀吉神話をくつがえす』講談社現代新書）。また、別途、吉田家に調査に入った小和田氏も、二〇〇八年八月号の「日本歴史」で総括的に意見を発表しました。その要点は次の四点です。第一に、「偽書」説を否定し、執筆時期を江戸時代後期、幕末期としたこと。第二は、「全訳本」の解説に記された前野雄翟が寛永期に執筆したとする説を否定し、嘉永四年に没した雄正《かつまさ》（亀仙《きせん》）が、雄翟の執筆した可能性が高い三巻本や五巻本に関連書物の記事を取り込みながら読み物として完成させたとしたこと。第三に史料的性格を、「家伝史料」としたこと。第四は、「戦国・織豊期の貴重な情報源として今後の研究に生かすことが必要ではないかと考えている」とまとめています。

以上の調査の結果、二〇一一年には、『愛知県史　資料編13・織豊3』に前野長康の項で

『武功夜話』の一部が秀次事件関係の記録史料として収載されることになりました。

約半世紀の紆余曲折と毀誉褒貶を経て、明治末期以降とする成立説と「偽書」説はこれで克服されたと思われます。しかし別の難題が浮上してきました。それは成立時期と作者の問題です。小和田氏は、二十一巻本の作者を二十三代雄正（亀仙）と考え、「亀仙としては、文化・文政期に書いたとするよりは、寛永期に書かれたとする方が高い評価を与えられると考えたからではないかと思われる」といっています。そのうえ右の要点第二のような見方もしています。それは、雄翟が寛永年間に執筆した三巻本、つまり『武功夜話』の原型が、さまざまな要素を取り込みながら増補されて、幕末期のものとして実際に確認できる二十一巻の現存本になったとするきわめて常識的な考え方です。ところがこれがなかなかむずかしい問題なのです。推測の域を出ない部分が多く、まだまだ検討の余地があるのです。たとえば三巻本が雄翟執筆の原本だとする根拠はあるのか、それが五巻本にどのように増補されたのか、それらと二十一巻本はどのような関係にあるのか、まったくわからないのです。それよりも現在みることのできる『武功夜話』の大部分は雄翟によって書かれたもので、経年変化による文書の損傷を黙視できない代々の当主が、補修しつつ書写した時、理解しやすいように参考文献などを取り込んで増補し、その折に文章にも手を加えたとも考えられます。そのことは、享保二年（一七一七）に「達禅《たつぜん》（雄翟）記す、寛永戊《いぬ》春吉日。再写、前野、吉田茂平治雄武《かつたけ》」との付記が本文中のところどころにみられることでもその一端がうかがえます。書写が、当然のことながら当主の責任としておこなわれていたに違いありません。

作者についても、現存二十一巻本が幕末のものであることから、『大全早引節用集《たいぜんはやびきせつようしゅう》』という百科事典を出版した二十三代雄正を、小和田氏は想定していますが、松浦武氏は、この事典の共編者で犬山の成瀬家の書記役を勤め、近所の子どもたちに読書と算数を教えた二十二代の正勝とみています（後掲書②）。いずれにしても確たる証拠があるわけではありません。依然として研究の課題は山積しているのです。

最後に、『武功夜話』の諸本と本書のテキストについて記しておきましょう。

松浦由起氏によると、断片的なものを含めて十数種の諸本があるそうです（中日文化センター講義資料）が、そのうちで翻刻・刊行されているのは次の四本です。
①三巻本――『「武功夜話」研究と三巻本翻刻』（松浦武・松浦由起、おうふう）。三巻のそれぞれに寛永十年・十一年の年号があり、簡潔なノート風のものですが、初期のものと考えられています。
②六巻本――『武功夜話研究と二十一巻本翻刻Ⅰ～Ⅲ』（武功夜話研究会　松浦武、ブックショップマイタウン）。松浦氏は、「活字本『武功夜話』（新人物往来社刊）は、写本二十一巻本のうち巻六まで書写の新しい加筆の多い別の写本が使用されている。だからわたし達の翻刻によって、一応、二十一巻本の全貌がととのうのである」と述べています。「凡例」で、「忠実な翻刻を志した」ともあり、これにより活字本で原文そのままを読むことができ、文章の雰囲気も味わえ

るでしょう。

③八巻本――「先祖等武功夜話拾遺　千代女書留」（吉田蒼生雄全訳、新人物往来社）です。二十一巻本に漏れたものや相違する記事もみられます。

④二十一巻本――『武功夜話』三巻（吉田蒼生雄全訳、新人物往来社）です。本書は、この刊本をテキストにしています。吉田氏が和文、漢文体を併用している本文を読み下したもので、それが「全訳」とする理由でしょう。また現代仮名遣いに改められているので、古文を読み慣れている人は違和感を覚えるかもしれません。しかし『武功夜話』の普及には多大の貢献をしました。なお本書で、特別に記さないかぎり、『別本』と称しているのは、右の①～③のことです。

吉田氏の全訳本といっても、江戸時代に書かれたもので、A5判で約一五〇〇ページ以上の大部の作品ですから読むのに骨が折れます。チャレンジする人たちには、現代語訳『武功夜話』（加来耕三訳、新人物往来社）「信長」、「秀吉」編の二冊があります。

『武功夜話』で読む信長・秀吉ものがたり◉目次

第1章　生駒屋敷の出会い

1　橋上の「出会い」は本当か

日吉丸（幼き豊臣秀吉の通称）が、三河国岡崎を流れる矢作川《やはぎがわ》にかかる橋の上で、蜂須賀小六《はちすかころく》に出会ったというのは有名なエピソードだ。多くの人びとが次のページの挿絵にダブらせて強く印象づけられたものだった。それは、『絵本太閤記』（享和二年〔一八〇二〕完結、有朋堂文庫）によるものだ。少々長いが原文をみてみよう。

爰《ここ》に尾州海道（東）郡の住人、蜂須賀小六正勝《はちすかころくまさかつ》といへる者あり、乱れたる世の習ひにて、近国の野武士をかたらひ、東国街道に徘徊《はいかい》し、落武者の武具《もののぐ》を剥取《はぎと》り、人家に押入財宝を奪ひ、其手下に属する者一千余人、勢ひ近国に震ひける。或夜属手《てした》数多引具し、岡崎橋を渡りけるに、彼《かの》日吉丸此橋の上によく寝て、前後もしらで有けるを、小六通りざまに日吉丸が頭を蹴て行過る。日吉丸目をさまし、大きに怒り、「汝なに奴なれば無礼をなすや。我幼稚《おさなし》といへども汝が為に恥しめをかうむるいはれなし。我前へ来り礼をなして通るべし」といふ。小六驚き立寄みれば、十二三歳の小児なりければ、心に甚恐れ、思はざりき不礼を謝し、「さてしも汝何国いかなる者の子なるぞや。幼《いとけな》き身として不敵の一言感ずる

橋上の出会い（『絵本太閤記』）

に余りあり。我に従い奉公せば、厚く恵みて召つかふべし」と尋ねけるに、日吉丸しかじかの事を物語り、「元より行べき方もなく、仕ふべき主人もなし。仰せにしたがひ仕へ奉らん」といふ。

この岡崎橋上のやりとりは、日吉丸の面目躍如たるものがあり、若き日の秀吉像の出発点として出色の出来映えで、秀吉人気の高まりにおおいに貢献した。

ところが、これがいとも簡単に否定されてしまった。というのは、盗賊あつかいされた蜂須賀家の子孫が、名誉挽回のため秀吉研究の第一人者、渡辺世祐《よすけ》に事実の解明を依頼したところ、昭和四年（一九二九）刊の『蜂須賀小六正勝』（雄山閣）で、「天正《てんしょう》・文禄《ぶんろく》の頃までは確に（矢作川に）橋がなく渡船であった」ことが証明されたためだ。橋がなければ話にならない。

その後も多くの「太閤記」が「橋上の出会い」を踏襲したが、吉川英治《えいじ》は渡辺説にしたがい、工夫をこらして『新書太閤記』(一九三四〜一九四一年)を執筆した。

茶碗屋を追い出された日吉が、実家にもどり母の手で元服をとげ、父の遺品のボロ脇差と青ざし一貫文をもらって、武家奉公を目指し家を出た。放浪のあげく矢作川にかかる。あいにく橋はなく、腹痛に苦しんでいた彼は小さな渡し舟に倒れこみ寝入ってしまう。そこに小六が来かかる。そこで二人の出会いとなる。それは天文《てんぶん》二十一年(一五五二)ごろ、日吉、十七歳としている。『絵本太閤記』では十二、三歳、おなじ若き日の秀吉といっても、こちらは青年秀吉だ。それゆえ、幼名らしい「丸」を省略したのだろう。夜盗とさげすまれている土豪の汚名をすすぎ、出自に誇りをもち農民のために力をつくそうとする小六が、秀吉の天分を鋭く見抜く。

「小六の眼は、いつまでも、彼へそそいだきり、ものもいわなかった。小六は日吉の容貌やその身なりを不思議がったのではない。――自分の眼を射てくる、彼の眼に、愕《おどろ》いたのである。で、小六は心中、(こいつ、身なりに似合わぬ不敵もの)と思って、殊さらに、眸《ひとみ》をこらして見つめたが、見つめれば見つめるほど、日吉の眸も、闇夜に見るむささびの眼のように光って、反《そ》れようともしないのであった」(吉川英治歴史時代文庫、講談社)

しかしながら『絵本太閤記』が、作者竹内確斎《かくさい》の創作だった以上、「渡し舟」にしたからといって、それが史実になるわけではない。現に『蜂須賀小六正勝』は、秀吉と小六のかかわりあいを、墨俣《すのまた》築城（永禄《えいろく》九年〔一五六六〕秀吉三十歳）から始めているのだ。

2　秀吉、信長に仕える

それでは、秀吉は、いつ、どこで、どのようにして信長に仕えるようになったのか。これについては、小六との場合とは違って四点の史料があるので、それを紹介したい。

まずは、『絵本太閤記』の原拠となった、小瀬甫庵《おぜほあん》の『太閤記』（寛永《かんえい》二年〔一六二五〕序文）から始めよう。

永禄元年（一五五八）九月一日、そのころ信長は清須《きよす》に在城していたが、木下藤吉郎秀吉と名乗って「直訴」した。信長は、彼の立ち居振る舞いを見て微笑み、面つきは猿に似ていて、機転がきき、性質もよさそうだと出仕を許した。

永禄元年、藤吉郎は二十二歳になっていた。あだ名の「猿」のことも出てくる。信長が彼を猿と呼んだのは史料（「長岡藤孝等宛信長黒印状」）にもあり、小柄で容貌が猿に似ていたのだろう。と同時に猿のように身軽で気働きのある性質まで見抜いたにちがいない。

第二は『太閤記』以前、慶長《けいちょう》年間（一五九六～一六一四）に成立した『祖父物語』。

ある時、清須城の大手の松の木門を小竹《こちく》（秀吉）が通りかかった。信長は二階から小竹に小便を仕掛けた。小竹はひどく腹を立てて、二階に乗り込んだ。その時、信長はお供衆を一人もつれず脇差のみの軽装で座っていた。「ヲレニテ有リ苦カルマジト仰ラル。オレトハ誰。信長也ト宣ヒケル。如何ニ御主也トテ、小便ヲ仕掛ラレテハ無念也ト」と抗議した。信長は、「汝カ心ヲ見ントテシタル事」（続群書類従）だ堪忍せよと謝った。それより取り立てられて仕えることになり、木下藤吉郎と名乗った。

小竹は、『太閤記』にも小筑とあり、秀吉の幼名として使われているが、これは誤りで弟秀長の幼名だ。信長と秀吉のやりとりが、緊迫感にあふれていてなかなかおもしろい。小便を仕掛けて試すという行為がユニークだが、ここでもやはり信長が秀吉の天分を見抜くという構図がうかがえる。

第三は、秀吉の軍師竹中半兵衛《はんべえ》の息子重門《しげかど》の『豊鑑《とよかがみ》』（寛永《かんえい》八年〔一六三一〕）である。

そのころ尾張国の領主は織田信長だった。どうにかして彼に仕えたいと思ったが、しかるべきつてがまったくなかった。ところが幸運なことに、川遊びの帰り道の信長にめぐり会った。これぞとばかりに奉公を願いでた。いささか思うところがあるといってそれを許した。そのまま清須城に出仕することになった。信長は鷹狩りを好み、毎日、狩りにでた。秀吉は、一日もおこたらず、「わら沓《ぐつ》をわれととりはく様に」準備を怠らなかった。賢さが他にすぐれていたので、次第に出世し、従者をもつようになり、木下藤吉郎といわれた。

信長との出会いを偶然のようにいっているが、秀吉がその機会をうかがっていたのだろう。信長の真意がはっきりしないが、一目で秀吉の有能さを察知したのだ。「沓をわれと」云々は、信長のわらじを懐に入れて暖めたという逸話の出所だ。

最後は、『太閤記』以降の成立だが、根拠もなかなかしっかりしている「聞書」、『太閤素生《たいこうすじょう》記《き》』をみていこう。

秀吉が松下加兵衛《かへえ》のもとを去って尾張に戻ったころ、信長に、「ガンマク・一若《いちわか》」という二人の小者頭がいた。一若は中々村《なかなかむら》の者で、「猿父・猿」をともによく知っていた。この一若の仲介で信長の草履取りとして出仕した。短期間で出世し小者頭になった。三人の小者頭のうち「猿」はのちの秀吉だ。これによって藤吉郎と名を改めた。

一若は実在の人物で信長の家臣だった（先に示した「長岡藤孝等宛信長黒印状」）。そのため、信長に出仕するについて、きわめて合理的でもあり、この説を信用する人が多い。

さて、四史料はそれぞれ特徴があって興味深いが、それらの共通点をまとめてみるとどうなるだろうか。秀吉が信長に仕えた時期は、信長の清須在城の早い時期、弘治《こうじ》元年（一五五五）から永禄の初年ごろのことになる。『太閤素生記』はやや趣を異にするが、他は「直訴」説をとっており、秀吉の積極的な姿勢を重視している。それとともに、秀吉の才能を見抜く信長の鋭い洞察力をも、各史料から読み取ることができる。また、猿はあるが、日吉丸・日吉などの幼名は使われておらず、出仕以前あるいはそれ以後、すぐに木下藤吉郎を名乗ることになる。

3　生駒屋敷の「出会い」とは

秀吉は、年譜類によると、天文六年（一五三七）二月六日に尾張国愛知郡中々村《なかなかむら》（名古屋市）に生まれた。同十二年（七歳）には、父弥右衛門《やえもん》が没し、母は織田信秀《のぶひで》（信長の父）の同朋衆《どうぼうしゅう》竹阿弥《ちくあみ》と再婚する。そのゆえか、光明寺《こうみょうじ》に入れられる。しかしすぐにそこを追い出され、その後各地を転々とした。十五歳の時、三河の今川の家臣、松下加兵衛に仕えるが、そこも出奔し、天文二十三年（一五五四〔十八歳〕）に信長に仕えることになる。

「橋上の出会い」は否定されたが、蜂須賀小六との若き日の出会いそのものが虚構だったのか。また前節のようなさまざまな説があるが、信長にはいったい、いつ、どこで、どのようにして仕えるようになったのか。通説でははっきりしないこの間の事情を、生き生きと詳しく再現してくれるのが、『武功夜話《ぶこうやわ》』だ。以下、その内容を要約して紹介しよう。

永禄の昔、蜂須賀彦右衛門が小六といっていたころ、藤吉郎という小賢しい口をきく者を召し使われたことがあった。彼の生国は尾張国中々村で、村長の倅《せがれ》だったが、幼年のころに志を立てて中村の家を立ち退き、駿河・遠江《とおとうみ》・三河を放浪した。弘治二年（一五五六）、生駒《いこま》屋敷にやってきて、うまく立ちまわり、そのまま居続けていた。諸国の事情によく通じており、話しぶりにも説得力があった。その彼を、小六殿が、不敵な面構えに見所があるといって召し抱えた。小兵だったが、武術を好み、あちらこちらの戦いで尋常ならざる働きをしたので、目にかけて珍重した。

久庵《きゅうあん》様（信長室吉乃《きつの》）が、実家の生駒屋敷におられたころのことだ。彼はお側にいて、上手にご機嫌をうかがっていた。巧みな話しぶりで、御前をもはばからず、口にできないようなエロチックな話をぬけぬけとした。世にまれな才能の持ち主だった。

信長様が、生駒屋敷に来られた時、藤吉郎を召し出し、話し相手にされたことがあった。ここでも御前をもはばからず、日ごろとおなじように、身振り手振りをまじえてユーモラスに話したので、とてもご機嫌がよかった。これをチャンスとばかりに、小兵をもかえりみず、「武者奉公を直願」した。その場にいた、生駒八右衛門《はちえもん》（当主、吉乃の兄）はあわてて、おまえのような腕力も弱く、剣術もおぼつかない者が心得ちがいもはなはだしいといって諭した。しかしあきらめず、後日、久庵様に、せめて御大将の馬の口取りになりともお仕えしたいと頼みこんだ。久庵様は、お気に入りでもあり、熱意にほだされて、お付きの者を通じて信長様に口添えしてくれた。はじめは、生駒屋敷と清須城間の使い走りだったが、如才なくつとめたので、ついに念願がかない、清須城に出仕することになった。

二年後には頭角を現し、丹羽郡《こおり》郡（小折《こおり》〔愛知県江南市〕）村《むら》の脇村の加納馬場で十五貫文の所領を与えられた。それは永禄二年（一五五九）九月で、信長が岩倉城を攻略した直後のことだった。この折、生駒屋敷で、蜂須賀党、前野党が信長に拝謁した。前野将右衛門《しょうえもん》（長康《ながやす》）も給地をたまわった。このように秀吉が一人前になったのと同時に、蜂須賀党・前野党も信長に認められたのだ。

　秀吉は、藤吉郎、別の箇所で「木《き》藤吉《とうきち》」とあり、木下藤吉郎と呼ばれている。弘治二年は二十歳だ。だからもちろん日吉丸、日吉ではない。この時期に、生駒屋敷で小六と出会ったのだ。信長に仕えたのを、通説では、天文二十三年としているが、これは、『太閤素生記』に、松下加兵衛のもとを去ったのが十八歳とあるのにもとづき、その直後に信長に仕えたと、研究者が考えたことによる。しかしこれはやや短絡的すぎる気がする。しかし、『太閤記』の永禄元年説は、天文二十三年の四年後であり、すこし間があきすぎる。二年後の弘治二年は、常識的にみて妥当性があると思われる。吉乃が仲介したとするが、弘治三年（通説）には長男奇妙（信《のぶ》忠《ただ》）が誕生している。秀吉が清須の城に直接、乗り込んだというよりも、生駒屋敷での対面があって、清須城に出仕することを許されたとするほうがわかりやすい。「どのように」については、「直訴」説がここにもみられ、『祖父物語』や、『豊鑑』の例もあるが、まさに『武功夜話』の独壇場で、なんらの注釈を施す必要もなかろう。

4　生駒屋敷に集う人びと

それでは、生駒屋敷はどのような様子だったのか。ひき続き『武功夜話』をみていくことにしよう。

生駒家は、文和《ぶんな》年間（一三五二〜一三五六、南北朝の内乱期）に、戦乱を逃れ、河内国生駒郷から尾張国丹羽《にわ》郡稲木庄《ぐんいなきのしょう》柳橋郷郡村《やなぎばしごうこおりむら》に移住してきた。藤原氏の末流で、蔵人家広《くらんどいえひろ》より四代、現在の当主は、八右衛門《はちえもん》家長《いえなが》（雲球《うんきゅう》）だ。織田信長の室、吉乃（久昌庵《きゅうしょうあん》）は妹にあたる。嫡子奇妙《きみょう》（信忠《のぶただ》）、次男於茶筅《おちゃせん》（信雄《のぶかつ》）、三女於徳《おとく》（徳姫《とくひめ》）は、この屋敷で生まれた。前野家と生駒家とは、前野家三代宗安《むねやす》、四代時綱《ときつな》の時代に、承久《じょうきゅう》の乱（一二二一）で六波羅《ろくはら》の追求を受け、それを避けて河内国の山中を流浪していた時、生駒氏に助けられ、尾張国丹羽郡前野村に帰ったが、それ以来の長く深いかかわりがある。

郡村に居住してからは、灰と油を売買し多大な利益を得ていた。屋敷は広大で、土居、堀割りをめぐらし、土蔵が三棟も建ち並んでいた。遠くから見ると城郭のようで、尾張国の上《かみの》四郡には比べるものがないほどだった。名家・名族として評判を呼んでいた。

生駒屋敷は、普段から賑わっている富裕の家だったので、近在はもとより遠国からも高名を

生駒屋敷跡

慕ってくる兵法者、屈強な武者、修行中だという牢人《ろうにん》などを多数養っていた。そのなかでも、長屋に寄食している十人ばかりが代表的な連中だ。彼らは諸国の事情に通じていて、美濃国の状況などは、掌中にあるがごとく語った。また、遠江・駿河のことはもちろん遠く畿内、甲斐、北陸道などの情報も交換していた。それが信長の耳にも入った。

彼らのなかでもとくに名高い者をあげてみよう。まず越中の牢人、兵法者遊佐《ゆさ》河内守《かわちのかみ》。加賀の牢人で、同く富樫惣兵衛《とがしそうべえ》。尾張の牢人で、海東郡蜂須賀村の蜂須賀小六。彼は、ゆえあって蜂須賀村を退去し、丹羽郡稲木庄宮後郷《みやうしろごう》の安井弥《や》兵《へ》衛《え》の家に寓居していた。尾張で評判の豪勇・仁侠の人で、配下の者は一千余人もあり、まさに土豪の頭領だ。小六の舎弟分に前野将右衛門がいた。祖父（著者雄翟《かつかね》の）孫九郎《まごくろう》雄吉《かつよし》の弟で、大伯父だ。この人は主取りをせず気ままに暮らしており、小六と義兄弟の契りを結んでいる。美濃の木曾川の中州、河内《かわうち》を活動の場とし、信長に勘当されたが、後年、木下藤吉郎の家臣になった。他に、伊勢の河内、中江の住人森正成《まさなり》、美濃の可児《かに》郡の土田甚助《どたじんすけ》（生駒親正《ちかまさ》）、肥《ひ》田《だ》孫左衛門《まござえもん》など枚挙にいとまがない。なかでも、尾張国中々村出身の木藤吉なる者がいた。この人はのちに羽柴秀吉公になる。若年のころ、諸国を流浪のはてに、上郡《かみ》に立ち寄ったところを小六殿に召し抱えられた。才知にたけた若者で、生駒屋敷が出世の原点になった。

生駒家は、「灰と油をあきなうを業《なりわい》」として莫大な利益をあげていた。灰は、肥料としてはもちろん、染料や陶器の製造に不可欠な材料だ。油は灯油で、斎藤道三《どうさん》が油売りだったことがすぐに思いうかぶ。美濃・尾張で生産されたものを、木曾川の舟運を利用し、津島港から伊勢湾に出て、大坂や京都に送りこむ。国内貿易の担い手として繁盛していたのだ。木曾川の沿岸や中州に居住する地侍は、運送に従事するとともに、舟行の安全を請け負う護衛隊の役割をはたしていた。またしばしば傭兵隊としても活躍した。小六の配下、一千余はそのような働きをしていた。信長が財力の豊かな生駒屋敷に近づいたのは、まず軍資金の援助を受けること、そして、そこに居候する牢人たちから近隣の情報を得るためだ。それとともに、尾張の戦いに勝利するためにも彼らを味方につける必要があったからだ。木下藤吉郎の登用に象徴されるようにそれらの勢力を支配できたことが、美濃への侵攻を成功させるカギになった。その過程で吉乃との関係がうまれた。しかも結果的には、長男と次男を得るという幸運にめぐまれた。

生駒屋敷に集う人びとは、いずれも主君を求めず、気ままに毎日をすごしていた。しかし、いずれも一騎当千の武者たちだったので、不遇をかこちながらもいっこうに意に介さなかった。「蛟竜（天に高くのぼりつめた竜）ガ深淵にひそみ好機を待つ」ような有様だった。生駒屋敷はさながら、戦国時代の日本版梁山泊《りょうざんぱく》のごとき趣だった。

5　蜂須賀小六と川並衆

蜂須賀小六とその配下を、最初に盗賊あつかいしたのは、『太閤記』（新日本古典文学大系）だ。その巻一、墨俣築城の記事の冒頭に、次のようにある。

当国（尾張）には、夜討、強盗を営みとせし其中に、能兵《よきへい》共多く候。然間《しかるあいだ》、篠木《しのき》、柏井《かしわい》、科野《しなの》、秦川《はたかわ》、小幡《おばた》、守山《もりやま》、根上《ねのかみ》がは、并《ならび》に北方之川筋に付て、左様之兵を尋記し、其者共を番手《ばんて》にし、彼要害に入置給んやと申上しかば、尤也《もっともなり》とて名字を記し付見給ふに、千二百余人に及べり。其中にても、武名且々《かつがつ》人に知られ、番頭《ばんがしら》にも宜《よろ》しからんは、稲田《いなだ》大炊助《おおいのすけ》、青山新七《あおやましんしち》、同小助《こすけ》、蜂須賀小六、同又十郎《またじゅうろう》、河口久助《かわぐちきゅうすけ》、長江《ながえ》半丞《はんのじょう》、加治田《かじた》隼人《はやと》兄弟、日《ひ》比野《びの》六太夫《ろくだゆう》、松原内匠助《まつばらたくみのすけ》、等也。上下五六千に可及候《およぶべくそうろう》。

この小六盗賊説を、「橋上の出会い」の場面に利用したのが、『絵本太閤記』だったことは先にみたとおりだ。「橋上の出会い」を否定した渡辺世祐は、この箇所をどう処理したのだろうか。『太閤記』の巻一は、間違いが多く、まったく架空のことで信用できないとして、ここでも「夜討、強盗」説は退けられている。しかし、ここにあげられている人びととその働きまでは否定していない。どうも彼にはこれらの人名とその意味がよくわからなかったらしい。ちなみに、『新書太閤記』は、盗賊説からは完全に脱して、小六を海東郷蜂須賀村の土豪で、義を重んずる仁侠の人として描き、稲田・青山・長井・松原を彼の腹心の家来としている。

ここでもやはり、『武功夜話』によらなければ、これらの人びとと小六の関係、そして彼の素性はわからない。

小六は、のちに彦右衛門正勝と名乗る人だ。尾張国海東《かいとう》郡蜂須賀村（愛知県美和《みわ》町）の出身。親は蔵人正利《くらんどまさとし》で、尾張国の守護《しゅご》斯波《しば》家の家臣だった。領地として蜂須賀郷二百貫文をあてがわれていた。蜂須賀村は清須城と勝幡《しょばた》城に挟まれていたので、親正利の代に、勝幡の織田信秀との戦いに敗れ、母親の実家、同国丹羽郡稲木庄宮後村の安井弥兵衛の屋敷に逃れた。宮後村は前野村の八町（約一キロメートル）北西の隣村だ。屋敷は、南北八十余間、東西六十余間の広大な規模だった。兄八右衛門は生駒氏の娘を妻としていた。このことが、彼が生駒屋敷に出入りするきっかけになった。なお前野氏とも姻戚関係にあった。それは、彼の妻と祖父前野（小坂）雄吉の後妻がともに宮後村の三輪氏の娘だったことによる。彼はここを拠点に活躍し、侠気《きょうき》・豪勇の仁として近隣にその名が高かった。

尾張と美濃の境には大河、木曾川が流れている。そのため国境は攻守ともに難所で、流域の沿岸一帯や広大な中州に居住する勢力は、川並衆《かわなみしゅう》（川筋衆・河内衆）と呼ばれ、大きな影響力をもっていた。普段は、放牧や運送に従事していたが、いざ戦いになると、尾張と美濃の形勢をみては、有利な方に加担するという具合で、領主や地頭は彼らのあつかいに頭を悩ました。その数は数千人におよび、疾風迅雷の働きぶりは目覚ましく、恐るべき集団だった。

蜂須賀小六は川並衆の頭領だ。木曾川の支流七流の勇士を糾合し、同盟を結びこれを蜂須賀党といった。彼は才略に富んでいて、南蛮伝来の種子島《たねがしま》の飛び道具を駆使した。後年、信長が蜂須賀党の種子島銃を採用することになる。この党には七人の頭衆がいた。坪内惣兵衛《そうべえ》、青山新七、稲田大炊介、日比野六太夫らで、彼らも種子島銃の名手だ。卍という奇異な馬印を翻し、神出鬼没だった。永禄年間の木下藤吉郎の鵜沼攻めにも功績があった。もちろん墨俣築城は彼らの檜舞台だった。蜂須賀彦右衛門正勝は、前野将右衛門長康とともに、羽柴筑前守秀吉の創業以来の譜代随一の家臣となった人だ。

それでは、渡辺世祐がわからなかった、『太閤記』の、「篠木、柏井……」などの地名と「稲田大炊助、青山新七……」等の人名の関係はどうなのか。これも、『武功夜話』が明らかにしてくれる。

洲俣御陣《すのまたごじん》、前野党の武辺道魁《さきがけ》の陣出しに候なり。一党衆寄騎《よりき》の衆の覚え。大方の衆、丹羽郡稲木庄聟殿稲田大炊介御筆頭なり。川筋衆、松倉住人松原内匠頭。同川筋衆葉栗郡日比野住人の日々野六太夫。同郡村久野の住人、青山新七郎、同人躮《せがれ》小助門。篠木柏井衆、

梶田隼人介、同長江半之丞、河口久助門、等々。蜂須賀彦右衛門尉舎弟、小十郎。以上の者蜂須賀党、

この記録で、本書第6章「『幻の墨俣一夜城』説は覆るか」で問題にするが、両者の関係がはっきりする。つまりそれは、墨俣築城の折、秀吉のもとで働いた、前野党・蜂須賀党と彼らに協力（寄騎《よりき》―与力）した、人びとのリスト、そしてその居住地と所属（川筋衆）を示しているのだ。

それではなぜ、『太閤記』の作者小瀬甫庵が、前野党・蜂須賀党や川筋衆を、「夜討、強盗」とみなしたのだろうか。それは、彼らが次のような存在だったからだと推測される。①主君を持たない。戦国の大名や領主に従属しない地侍《じざむらい》・土豪だった。②地縁的な結びつきを重視し、家や一族のために徒党を組んで働いた。③舟運やそのガードマンとして実力を行使する非農業民、非定着者の集団だった。④傭兵軍団として利によって敵対相手が変わった。このような集団であった川筋衆（川並・河内衆）を江戸時代の支配関係の秩序による見方からすると、野武士、盗賊の類いとみられたのもやむを得なかったといえよう。しかし、長い間、とんだ濡れ衣を着せられたものだ。『武功夜話』の出現がその汚名をすすいでくれたのだ。

第2章　若き日の信長像を問う

1　「大うつけ」はパフォーマンスか

　織田信長は天文《てんぶん》三年（一五三四）に尾張勝幡城《しょばた》（愛知県稲沢市）主、織田信秀の二男として生まれた。父信秀は、尾張下《しもの》四郡を支配する守護代《しゅごだい》、織田大和守の三奉行の一人で、この家系を弾正忠家《だんじょうのじょうけ》といい、代々武勇の家柄だった。備後守《びんごのかみ》を称した彼は、居城にほど近い尾張有数の貿易港、津島（愛知県津島市）の経済力をバックにめきめき頭角を現してきた。尾張勢を糾合してその先頭に立ち、隣国駿河・三河の今川氏や美濃の斎藤氏との戦いに明け暮れる日々だった。天文七年ごろには、尾張今川氏の那古野城（現在の名古屋城二の丸跡）を謀略で奪い取った。この城を信長に譲り、古渡城《ふるわたり》（名古屋市中区）から末盛城《すえもり》（名古屋市千種区）へと進出。三河・駿河に睨みをきかせつつ、尾張随一の実力者になっていった。

　母親は信秀の正室、土田御前《どたごぜん》と呼ばれる人で、美濃国可児郡《かに》土田城《どた》、初代城主秀久の娘。兄の二代親重《ちかしげ》（政久）は、一時、生駒家の養子になったこともあった。親重の二男が、この章であつかう吉乃《きつの》の前夫土田弥平次《どたやへいじ》で、信長と弥平次は従兄弟同士になる。土田家と生駒家は強い縁で結ばれていた。そのため土田御前が、信長と吉乃の仲を取り持ったなどという憶測もうまれた。弟勘十郎信勝《かんじゅうろうのぶかつ》（信行）も彼女の実子だ。

信長は、幼名を吉法師《きっぽうし》といったが、十三歳で元服し、織田三郎信長と名乗った。翌年には、三河の吉良《きら》大浜（愛知県碧南市《へきなんし》）で見事に初陣《ういじん》をとげた。通説では、その翌年、天文十七年（一五四八）には、信秀と美濃の斎藤道三との間に和睦が成立し、そのあかしとして、道三息女濃姫《のうひめ》との婚姻が取り結ばれることになる。

それでは、このころの信長の行状はどのようなものだったのか。『信長公記《しんちょうこうき》』（角川文庫）の原文でみておこう。文章の調子も味わっていただきたい。説明の都合上、五つに分けて引用する。

（Ⅰ）信長十六・七・八までは別の御遊びは御座なく、馬を朝夕御稽古、又、三月より九月までは川に入り、水練の御達者なり。其折節、竹鑓にて扣合《たたきあい》御覧じ、兎角《とかく》鑓はみじかく候ては悪しく候はんと仰せられ候て、三間柄・三間間中《まなかえ》柄などにさせられ、

（Ⅱ）其比の御形儀《おんぎょうぎ》、明衣《ゆかたびら》の袖をはづし、半袴《はんばかま》、ひうち袋、色々余多《あまた》付けさせられ、御髪《おぐし》はちやせんに、くれなゐ糸・もゑぎ糸にて巻立てゆわせられ、大刀朱ざやをさゝせられ、悉く《ことごと》朱武者《あかむしゃ》に仰付けられ、

（Ⅲ）市川大介めしよせられ御弓御稽古、橋本一巴《いっぱ》師匠として鉄炮御稽古、平田三位不断召寄せられ兵法《へいほう》御稽古、御鷹《たか》野等なり。

（Ⅳ）爰《ここ》に見悪事《みにくき》あり。町を御通りの時、人目をも御憚《はばかり》なく、くり・柿は申すに及ばず、瓜

をかぶりくひになされ、町中《まちなか》にて立ちながら餅をまいり、人により懸り、人の肩につらさがりてより外は御ありきなく候、

（Ⅴ）其比《そのころ》は世間公道《こうどう》なる折節にて候間、大うつけとより外に申さず候。

「若き日の信長」像を鮮やかに浮かび上がらせる描写で、映画・テレビドラマ・小説などでもおなじみだ。また、どのような角度から信長像に迫るにしても、だれしも問題にする場面だ。

本章では他の論者と少し視点を変えて、史料を読み解いてみたい。また、いつも一括してあつかわれる、「信秀の葬儀」、「斎藤道三との会見」の場面についても、短いスパンだが、それぞれの記述に時間的な問題を加味して検討してみよう。

（Ⅰ）は、馬術と遊泳術の「稽古」だ。「別の御遊びは御座なく」とあるように、毎日、ひたすら武術の修練に励んでいた。実戦的な訓練の積み重ねのなかから長槍の優位性と戦術を学び、兵士の養成と組織化を図っていった。それが（Ⅲ）になると、専門家の「師匠」について、弓・鉄砲の「稽古」に励み、「兵法御稽古」、つまり軍事・作戦面にまで、訓練の内容がレベルアップされていった。「鷹野」は単なる鷹狩りではなく合戦の実地訓練であり、いってみれば、「稽古」の総演習だ。

（Ⅱ）と（Ⅳ）は、そのころの信長の「形儀」で、「行儀が悪い」のニュアンスもあろうが、行状、立ち居振る舞いの意味だろう。信長個人の異様な衣装や髪型がおもに問題にされている

が、ここではとくに、「悉く朱武者に仰せ付けられ」とあるように、信長が率いる青年集団の軍事的なデモンストレーションにも注目しておきたい。(Ⅳ)は、まさに「醜い」こととして非難されている。城主の嫡男が、城下の町屋でこのような奇妙な態度や行動をとれば、話題にならないはずはない。他国にまでも「大うつけ」ぶりが響きわたったであろう。

(Ⅱ)と(Ⅳ)で描かれた信長の「異装と奇態」は、(Ⅴ)で、「大うつけ」との世間の悪評を伝えて結ばれている。「うつけ」は、「空け・虚け」で、ぼんやりしていること、またはそのような人を指すのだが、ここは辞書的な意味とは少しニュアンスが違うようだ。「其比は世間公道なる折節」だったので、このような批判的な発言がなされた、といっている。「世間公道」とは、正しい道理が通る世の中ということであろう。しかしここには、もう少し具体的な意味があるとするのが、歴史家のほとんど一致した見方だ。

たとえば、最新の信長論、『信長とは何か』(講談社)で小島道裕氏は、京都――朝廷や室町幕府――の文化や権威が、まだ依然として人びとの心の中に生きている世の中と、説明している。しかも、その権威や伝統も現実社会の実態とは、かけ離れてしまって、「権力は完全に各地域の戦国大名に移って」いるという。

大きく変動する社会のなかで、信長の「異装と奇態」は、そのような流れを敏感に感じ取り、既成の権威や因習に対する、彼の反発や拒否のパフォーマンスだった。

2　美濃との和睦、濃姫との婚姻はいつか

信長が「稽古」に没頭し、「異装と奇態」で人びとの顰蹙《ひんしゅく》を買っていたのは、「信長十六・十七・八」歳のころのことと右の文章の冒頭に記されている。それは、天文十八・十九・二十年（一五四九〜一五五一）にあたる。文章から受ける印象は、もう少し若いころのように感じられるが、仮にこの三年間だとすれば、二つの大きな問題がかかわってくる。一つは、美濃との和睦による濃姫との婚姻。もう一つが父信秀の死だ。

和睦と婚姻について、『信長公記』には、「去《さ》て平手中務《なかつかさ》才覚にて、織田三郎信長を斎藤山城道三聟に取結び、道三が息女尾州へ呼取り候キ、然る間何方《いずかた》も静謐《せいひつ》なり」と書かれている。というよりも、これだけだ。信長の傅役《もりやく》、平手政秀の奔走により、美濃と尾張の同盟が成立。その保証として婚姻が結ばれ、美濃と尾張の戦争状態は棚上げされた。尾張の織田方にとっては、美濃の脅威からひとまず解放され、駿河・三河の今川氏や国内対策に専念することができるようになった。

この同盟・婚姻を、この章の最初に、「通説では」と断って、天文十七年（信長十五歳）とした。そのように推定されるのは、『信長公記』の記事の配列によっている。年次はないので、

月日等のみを記すと、それは以下のようになる。①「九月二十二日」、②「霜月上旬」、③「霜月十七日」、④「霜月二十日」、⑤「翌年の秋の末」、⑥「去て平手中務才覚にて」、⑦「信長十六・七・八までは」、⑧「正月十七日」、⑨「三月三日」に信秀が四十二歳で死去。

①〜⑨を検討してみよう。①〜④は同年のこと。⑤はその翌年。⑥と⑦はその年のことだろう。⑧は正月だから、その翌年で、⑨この年の三月に信秀が死去。そうだとするとここには、三年間の動静が描かれているといえよう。

角川文庫『信長公記』の校注者は、①を、『天童織田家譜《てんどうおだかふ》』によって、天文十六年に比定《ひてい》する。それに従うと、⑤〜⑦は十七年、⑧・⑨は十八年になる。美濃との和睦・濃姫との婚姻は天文十七年のことになる。ところが、⑨を、校注者は天文二十一年とする。そうすると、⑤・⑥・⑦との間に二、三年の空白ができる。このように記事の配列からすると、信秀の死は十八年になるが、二十一年説もあったことがわかる。

それでは現在、信長と濃姫の婚姻の年はどのように考えられているのだろうか。『織田信長総合事典』（岡田正人、雄山閣出版、以下『総合事典』と略称）を参照してみよう。同書は、『土岐累《ときるい》代記《だいき》』、『織田軍記』及び『美濃国諸旧記《みののくにしょきゅうき》』を検討し、「天文十七年十一月以降に織田・斎藤両氏が和睦し、さらに同盟が締結され、その証として婚姻が結ばれたと考えられる。そして、翌十八年二月二十四日に道三の娘が信長の許に輿入れしたのではないか」と推測している。つまり、岡田氏はこれらの史料を参考にして、『信長公記』の「取結び」を「婚約」、「呼取り」を

「輿入れ」と分けて考え、それぞれ十七年、十八年のことと推定したのだ。
以上のように、美濃との和睦・濃姫との婚姻の年月は、良質な史料では確定できず、江戸時代の史料（家譜・軍記・史書など）の作者が、年次を記さない『信長公記』の記事をどのように解釈したのか、その結論によって推定されたものだったということがわかる。

3　父信秀の死と葬儀をめぐって

「信長十六・七・八」歳ごろのもう一つの重要な問題が、父信秀の死と葬儀だ。そのことを『信長公記』は、「備後守殿疫癘《えきれい》御悩みなされ、様々御祈祷・御療治候といへども御平癒なく、終に三月三日御年四十二と申すに御遷化《ごせんげ》」と記し、それに続けて、万松寺《ばんしょうじ》を建立して盛大な葬儀をおこなったことも詳しく描いている。その際の信長の「異装と奇態」もよく知られていることだが、まずは原文を読んでみよう。

信長御焼香に御出、其時信長公御仕立、長つかの大刀・わきざしを三五《みご》なわにてまかせられ、髪はちやせんに巻立、袴もめし候はで仏前へ御出であって、抹香《まっこう》をくはつと御つかみ候て、仏前へ投懸け御帰り。

御舎弟勘十郎は折目《おりめ》高《だか》なる肩衣《かたぎぬ》・袴めし候て、あるべきごとくの御沙汰なり。三郎信長公を例の大うつけよと執々《とりどり》評判候なり。其中に筑紫の客僧一人、あれこそ国は持つ人よと申したる由なり。

信秀の没年は、『信長公記』の記事の配列からすると、天文十八年になる。ところが、角川文庫の校注者は、先に述べたように、天文二十一年のこととし、その根拠として、『亀山志』所収の「万松寺過去帳」と『大雲禅師法語』（万松寺の開山）をあげている。そのうえ二十年説（『張州府志』・『尾張志』）も存在する。

それでは、信秀の没年について、近年、どのように考えられているのだろうか。

下村信博氏は次のようにまとめている。

　信秀の没年については、従来、
　㈠天文一八年三月三日説（『寛政重修諸家譜』、小瀬甫庵『信長記』など）
　㈡天文二〇年三月三日説（万松寺・桃岩寺位牌、『張州雑志』など）
　㈢天文二一年三月説（万松寺過去帳、『定光寺年代記』など）
　がある。天文一九年一一月朔日付の信秀判物《はんもつ》が存在するので、㈠説の誤りは明らかである。また、天文二一年一〇月二一付の織田玄審允《げんばのじょう》あて信長判物に「桃岩判形《とうがんはんぎょう》の旨に任せて」と、信秀を法名「桃岩」で呼んでいるので、信秀の没年はこれ以前ということになる。天文二〇、二一のいずれかということになるが、『定光寺年代記《じょうこうじ》』に「(天文二一年)三月九日に織田備後殿死去」とあるに従って、天文二一年の可能性が強いと考えられる(『新修名古屋市史』第二巻)。

十八年説を否定し、二十一年説は、「可能性が強い」として慎重に断定を避けているが、二十一年が、㈢によって定説となりつつあるようだ。このように二十一年まで生きていたとすると、十九年十一月以降、二十一年三月まで信秀の文書が見出されないのはなぜだろうか。

この疑問に対する諸説の結論のみを書き出してみよう。

①新井喜久夫説——十九年には信秀に替わって信長がその権限を行使している。おそらく信秀は再起不能の病に倒れ、翌二十年、あるいは二十一年の三月三日に没したのではあるまいか(『織田信長事典』「出自」の項、新人物往来社)。

②小島廣次説——すくなくとも天文十八年三月段階で何らかの異変—信秀の隠居・急死・重病—といったことがあって、信長が家督を嗣いだとみればすっきりする(同書「兄弟姉妹」の項)。

③横山住雄説——信秀は、天文十九年ごろから天文二十一年三月までの足かけ三年間病床にあり、(中略)信秀天文二十一年死亡説が最も有力である。

この下火《あのご》のなかで、大雲は信秀の死因について触れているが、それは「俄然として一朝災疫にかかった」つまり急な疫病にかかったとする。私は脳卒中でなかろうかと思っている（『織田信長の系譜』教育出版文化協会）。

④村岡幹生説――天文十八年十一月の安城城陥落に先立って、すでに同年四月の時点で信秀は隠居したとする認識が定着していたことになる。私は、信秀はこの時点で健康不安を抱え、隠居していたと推定する。

天文十八年四月ころには心臓ないし脳の血液循障害の初期段階の発作を発していた可能性が高い（「愛知県史研究」十五、「今川氏の尾張進出と弘治年間前後の織田信長・織田信勝」）。

これらによると、天文十八年四月ごろには、信秀は脳か心臓の発作で倒れ、二十一年三月の死去まで病床にあり、病状は急激ではなかったが表だった活動はできなくなって、信長が家督を継いだということになるだろう。

この「病臥」説について少し立ち入ってみてみよう。

横山氏は、年次不詳の十一月付、土岐小次郎宛織田与十郎寛近《とおちか》書状に、「備後守病中故」とあるのを、天文二十年に比定《ひてい》して、このころ信秀は病気だったが生存していたとしている。ところが、下村氏はこれを十八年とみており、判断が分かれる。しかも、村岡氏は、天文十八年の三月から十一月にわたる安城城攻防戦の期間中、信秀が出陣した形跡がないことと、伊勢内宮の禰宜《ねぎ》荒木田守武《もりたけ》が記した贈答品メモの天文十八年四月の部分に、「弾正忠入道、（中略）若殿分」とあるのを、信秀、信長と推定し、信秀が弾正忠から備後守に名乗りを変える間に一時的に出家（入道）し、隠居したのではないかとみて、④のように考えている。ところが、これも、下村氏は弾正忠入道を信秀とは断定できないと述べている。

また②において、小島氏は、信秀と信長が十八年と十九年にそれぞれ二通ずつの文書を出しているが、信秀のものは二通とも、花押《かおう》が従来と違っていて名乗りも弾正忠から備後守に変わっており、信長の十八年のものは、署名が藤原信長で花押も以前の信秀のものに近似していると花押と署名の異状に注目している。このことから、弾正忠家内部のただならぬ様子がうかがえるようだし、十八年説否定の根拠となる十九年十一月朔日付の信秀判物も信秀生存の根拠とするにはやや問題がありそうだ。

もう一点、信秀の死因についてもみておこう。『信長公記』ではこの節の最初の引用文のように、「疫癘《れい》御悩みなされ」とされ、③の大雲の下火語にも「俄然として一朝災疫に罹り」とあり、両者は「疫病」で一致している。しかも後者には、「突然・たちまちに」の表現があり、長引いた病の終末にはふさわしくない。

このように死因にもみえず、しかも三年間も脳卒中や心臓発作で病床にあったとするのは、推測の域を出ないことでもあり、明確に証明されたものではない。小島氏のいうように、十八年の段階で、「異変—信秀の隠居・急死・重病」の事態になり、信長が家督を継いだとみるのが、今のところ妥当なのではあるまいか。

そこで、この問題を、『武功夜話』はどのように述べているのだろうか、該当箇所を引用してみよう。

備後様は治郎左衛門敏定公以来の武辺あり、御一門中類なき御仁に候なり。御一門衆は元より、国中侍衆武略を憑《たの》み与力《よりき》候なり。智略剛勇の将といえども天命は如何んとも成りがたし、天文己酉《つちのととり》三月御逝去了《おわる》、桃巌禅定《とうがんぜんじょう》という。されども御葬儀は取り行わず、両三年の後これを行うなり。国中風聞の取り沙汰あれども、某《それがし》どももその真意を知らぬなり、（中略）備後様生前の御遺言あり、大人衆相謀り両三年相待ち御葬儀を取り行われ候。旹《ときに》天文辛亥《かのとい》三月日の事。

備後守信秀は天文十八（己酉）年三月に死去した。葬儀は、本人の遺言と家老衆の深謀により、「喪を隠し置き」（「千代女書留」）、二十（辛亥）年に執り行われた。法名は桃巌。また『武功夜話』三巻本には、「信秀公天文廿一年卒」ともあり、年忌の数え方だと二十年だが、翌年から数えると二十一年になり、十八年の没年を基準に、「両三年」の解釈によって違いが生じたのだろう。戦国の世において死が秘匿されるのは不自然なことではないが、そのことで尾張の国中や他国にまでいろいろな噂が流れたであろうし、そのなかで病に倒れたというものも当然

織田信秀公廟所（桃巌寺）

ありえたであろう。

二十一年説の根拠になる「万松寺《ばんしょうじ》過去帳」は信秀の葬儀を執行した菩提寺のものだが、同寺の位牌には二十年とあり、墓所桃巌寺のそれも同様で、位牌と過去帳に違いがあるのも奇妙な話だが、これらは江戸時代の史料に引用されて伝わったようだ。また『定光寺年代記』には、命日が三月九日になっていて、他の史料の三月三日とは相違している。九日に定光寺に報告があったのではないかとも考えられており、実際に葬儀に参列した記録ではなかったようだ。しかも他の箇所に誤りのあることも指摘されている。これらのことに『武功夜話』の説を重ねてみると、二十年三月三日ないし二十一年三月三日は葬儀が執り行われ、それまで秘められていた信秀の死亡が公表された年月日と考えてもあながち的外れにはならないかもしれない。

天文十八年発病・同二十一年死亡説、十八年死亡・二十一年葬儀説のいずれにしても、信長「十六・七・八」歳にピタリと重なり、1節で引用した「異装と奇態」と「御稽古」は、まさにその間のパフォーマンスとみなすことができる。

葬儀が執り行われると、信秀の死が世間に明らかになる。彼の「武篇《ぶへん》・器用《きよう》」（武力・能力）で、かろうじて保たれていた国内の秩序は崩れ、後継者争いが始まる。そのターゲットが家督を継いだ、「大うつけ」信長であった。第一のライバルが母を同じくする弟勘十郎で、彼は、「世間公道」を体現しており、「大うつけ」とは対照的だった。葬儀に居並ぶのは、信秀の重臣たちで、彼らも二派に分かれ抗争せざるを得なくなる。これに連動して、兄や叔父たちとの争いも起こる。

尾張の国内も動揺する。さっそく、二十一年八月十五日には、清洲（愛知県清須市）の小守護《こしゅご》代《だい》坂井大膳《だいぜん》らが織田方の松葉城（愛知県大治町《おおはる》）・深田城（不明）を攻撃、信長に挑戦した。また、翌年には、鳴海《なるみ》城（名古屋市緑区）主、山口左馬助父子が謀反を企て、駿河衆を尾張に引き入れた。『信長公記』の記すこれらの事件から、信秀死去の影響が権力の中枢（清洲）から国境地帯にまで波及したことがわかる。

尾張上郡の動静を、『武功夜話』は次のように描いている。犬山（愛知県犬山市）の織田信清は、信秀存命中は心中不満もあったが、反逆することはなかった。しかし不意の事態が起こり、我が意を得たりとばかり、信秀家重代の御台地《みだいち》（直轄領《ちょっかつりょうち》地）、春日井郡柏井・篠木（愛知県春日井市）三千貫文の横領をたくらみ、乱入、放火した。信清と尾張上郡の首府岩倉（愛知県岩倉市）の織田信安は昵懇の間柄であったが、信秀死後、疑心暗鬼になり、清洲の大和守家織田広信も信長をこころよく思わず、信清に通じた。信長はこの状況を打開するために、遊芸に耽り武略をなおざりにする岩倉の信安に接近し、歌舞音曲でよしみを結んだ。これをみた者は、「織田の棟梁上総介、四囲お手塞がりふぬけの若殿よと噂仕切り」であった。しかし、河内《かわうち》・川並《かわなみ》衆《しゅう》の頭領たちは、巷間《こうかん》種々の取りざたがあったが、「清須の若殿は近頃稀に見る御仁」だ、と期待を寄せるようになっていった。

4 平手政秀はなぜ自刃したのか

信長と道三の会見は、天文二十二年四月下旬のこととされているが、この年の閏《うるう》一月十三日に、平手政秀が自害する。その死を、「諫死《かんし》」（死をもって不行跡を諫《いさ》める）とするのが有力な説だった。ところが、『信長公記』は、「上総介信長公実目《じちめ》に御座なき様躰《ようだい》をくやみ、守立候験《しるし》なく候へば、存命候ても詮《せん》なき事と申候て、腹を切り相果候」としており、「絶望・断念」説ともいえる見方をしている。「諫死」説は、多くの人びとの共感を呼んだ。しかしこれは、小瀬甫庵《おぜほあん》が『信長記』で、堂々たる五カ状の「諫状」を掲げて持論を主張。政秀、自殺の原因の一側面を誇張し、創作したものだ。

政秀の役割と行動を、①那古野城の嫡男吉法師の家老、②御台所賄い役、③清洲勢や美濃との和平交渉に成功、④信秀死後は弟勘十郎派の柴田・佐久間らと決別、信長擁立の旗幟《きし》を鮮明にしたと、『信長公記』はかなり詳しく述べている。これらの働きを支えている彼の立場を、一言で傅役《もりやく》（父親兼教育係）・後見役《こうけんやく》といってきたのは正解だった。信秀という強力な後ろ盾を失った信長にとって、政秀は、ほんとうにかけがえのない存在だったに違いない。

　その彼がなぜ自害したのか。信長が「実目《じちめ》（実直・まじめ）」でないことを悔やみ、教育の「験（効果）」が現れないことに絶望したとある。信長の「異装と奇態」の意味を、ついに理解できなかった。それは、彼の信長擁立にかける熱意と行動にもかかわらず、清洲勢との和睦の折、書状に、『古今和歌集《こきんわかしゅう》』の「袖ひちて結びし水のこほれるを春立つけふの風や解くらん」の和歌を添え、「花奢《きゃしゃ》なる仁《じん》（優雅な人）」と讃《たた》えられたように、「世間公道」の意識を最後まで変えることができなかったからだ。

平手政秀邸址（志賀公園）

　また、『信長公記』が語る長男五郎右衛門と信長の駿馬《しゅんめ》をめぐる確執も彼を絶望の淵に沈ませたのかもしれない。しかもこの対立は、信長と平手親子の個人的な関係以上の意味をもっていたようだ。政秀は信長の家老・傅役だったが、文化人としても一流で、独自の外交ルートももっており、弾正忠家の行方を左右するほどの実力者だったと思われる。小和田哲男氏は、信長の成長によって政秀の権限にかげりがみえてきたことも自刃の原因の一つとしつつ、「政秀の長男五郎右衛門が信長の要求を拒否したことで、信長と平手一族の衝突が一挙にはじまった」(『織田信長』平凡社)とみている。それと同時に、信秀の死とその公表によって、平手家も岐路に立たされ、きびしい選択を迫られたのだ。その道はいくつかあったが、結局は、「大うつけ」信長を支え続けるのか、優等生信勝に乗り換えるのかの二者択一だった。しかし嫡男は信長路線を拒絶した。ところが政秀は信長との絆があまりにも強く、絶望したといって見捨てるわけにはいかなかったに違いない。政秀は平手家の将来と信長路線の狭間で苦悩し、自害に及んだのではなかろうか。それは推測にすぎないが、やはり信長の型破りの行動を理解しきれなかったことに、自害の結論は行き着くのであろう。

5 戦略家信長の誕生

強力なライバル信秀の死が公表され、美濃とのパイプ役で信長の後見、政秀が死去。このような時期に、道三は信長との面会を実現した。場所は、尾張・美濃国境の寺内町《じないちょう》(宗教的自治都市)富田《とみた》の正徳寺《しょうとくじ》(愛知県尾西市《びさいし》)。

聟殿《むことの》は「大だはけ」との評判を、道三は内心では否定しつつ、自分の目で確かめようとした。信長は「実目なき人」だと取りざたされていたので、恥をかかせてやろうと、古老の者を、「公道なる仕立」で、御堂の縁に並ばせておいた。自分はいたずら心をだし、途中に隠れ、「大だはけ」信長の様子を見守った。

其時信長の御仕立、髪はちやせんに遊ばし、もゑぎの平打《ひらうち》にてちやせんの髪を巻立て、ゆかたびらの袖をはづし、のし付けの大刀・わきさし二ツながら、長つかにみごなわにてまかせ、ふとき苧《ちょ》なわうでぬきにさせられ、御腰のまはりには猿つかひの様に火燧袋《ひうちぶくろ》・ひようたん七つ・八つ付けさせられ、虎革・豹革四つかはりの半袴をめし、御伴衆七・八百甍《いらか》を並べ、健者《すくやかもの》先に走らかし、三間間中柄の朱やり五百本ばかり、弓・鉄炮五百挺もたせられ、寄宿の寺へ御着候て、

ところが、「寄宿の寺へ御着候て」、信長の「異装」は一変する。髪型を正し、長袴を穿《は》き、公式の脇差（ちいさ刀）を差して、「衣装公道なる仕立」で、颯爽《さっそう》と現れた。家中の衆は、「去《さ》ては此比《このごろ》たはけを態《わざと》御作り候よ」と肝を潰《つぶ》した。

無事、対面が終わり、信長はにこりともせず（「附子《ふし》をかみたる風情」）、またお目にかかりましょうといって、帰っていった。二十町ばかり見送った道三は、美濃衆の槍は短く、信長勢の

槍は長いのを見て、興醒めの様子だった。帰る途中、猪子兵助が、「どうみても信長は『たはけ』ですなあ」というと、道三は無念なことだが、「山城（道三）が子共、たはけが門外に馬を繫ぐ（家来になる）べき事案の内にて候とばかり」で、機嫌が悪かった。それ以後、道三の前で、信長を「たはけ」という人はいなくなったということだ。

『信長公記』の要約だが、要約するには惜しいほどのドラマチックな描写だ。ドラマや映画では欠かせないシーンといえる。ここでは三点が注目されるが、三人の論者の見解を紹介して解説してみよう。

第一は、信長の「異装」が、つねに「世間公道」とその具体的な表現である「折目高なる肩衣・袴」と対照的に語られていることだ。この場面では、信長が「衣装公道」に変身し、「世間公道」の価値観を受け入れ、「大だはけ」の悪評を乗り越えて新しい段階に踏み出していったと考えられる。小島道裕氏が、『信長とは何か』で、「既成の権威への反発と、しかしそれを受容してみせることによって超越するというこのエピソードは、信長の生涯を通じてのテーマであり、繰り返し現れる行動のパターンである」と述べているが、そのとおりだと思われる。

第二は、作り「たはけ」、つまり信長が意図的に（態）「たはけ」を演じたという点について。脇田修氏は、「わざわざ家臣の気持ちを調べるために偽装したというのは、小説ではおもしろいが、信長の性格にはふさわしくない」（『織田信長』中央公論社）と、この説を否定している。それ以降、多くの歴史家も否定的な態度をとっている。しかし、信長の置かれた現実をみると、そのままうなずくわけにはいかない。彼の「異装と奇態」は、これまでみてきたように、平穏な時の行為ではないのだ。天文十八年から二十二年、この時期は、信秀の死と秘匿、そして公表、最大の擁護者政秀の死、単身で道三のもとに乗り込むなど、彼の人生で最初の絶体絶命の危機的状況にあった。このような時に、ピンチを切り抜けるための戦略・戦術を考え抜いたであろうことは想像に難くない。美濃・駿河との関係、尾張国内の情勢、叔父や兄の動向、なかんずく弟勘十郎、そして彼を擁立する家臣たちとの力関係を、鋭く見抜こうとしていたに違いない。「大だはけ」と非難・嘲笑されている間に、敵対勢力との闘争に打ち勝つための戦力と戦術面での優位な態勢を、早急につくらなければならない。「偽装」はいいすぎだが、またそこに、「性格」の問題はあるにしても、信長の何らかの意志や意図が働かなかったと考えるほうが不自然であろう。

ここでは、彼の「異装と奇態」を「大だはけ」といっているが、最初の引用文では、「大うつけ」であった。その折、ニュアンスの違いを指摘したが、ここの「大だはけ」こそが、大馬鹿者の意味で、彼の実態にまさにピタリと当てはまる。名古屋では、現代も生きている方言で、尾張の人びとの多くが共感できるいい方だ。「実目」は、「世間公道」に対応しており、やや上品な感じがする。

第三が、これこそが最も肝心要だが、武装の問題だ。道三は彼我の槍を比較して、「興をさました」とあるが、それだけではなかった。なんといっても、引用文の後半部分の信長部隊の圧倒的な武器の誇示が道三を興醒めにしたに違いない。しかも部隊の万全な態勢がそれに輪を掛けたであろう。このことについて、松林靖明氏は次のように述べている。「信長の軍事的手腕の優秀性は、鑓を三間にしたか三間半にしたかという点にのみあるのではなく、それを実戦において有効たらしめる使い手、足軽（健者）の集団をみごとに組織しえた点にある」（『信長記』現代思潮社古典文庫「解説」）。また、鉄砲についても数の問題だけではないとして同様の指摘をしている。

信秀の葬儀の場面には、「武装描写」はみられない。しかし、葬儀場の万松寺の周囲が信長の武装集団で包囲されていたであろうことは、容易に想像できる。そうするとこれまでみてきた三つの場面は、信長の「異装と奇態」と「武装描写」でできている。どうしても前者に目がひかれがちだが、そのポイントは、「武装描写」にあったのだ。「信長十六・七・八」の「御稽古」が、道三との会見の場面では、新式の武器とそれを実戦に生かす足軽集団に拡充・強化され、道三を圧倒し屈服させてしまった。格段にグレードアップした信長軍団の姿を、ここにはっきりと読み取ることができる。

6　最愛の人、吉乃とは

信長との間に、長男信忠《のぶただ》、二男信雄《のぶかつ》、長女徳姫を産んだ側室を、生駒氏と呼んでいる。しかし、それ以上のことはわからなかった（『総合事典』）。その実像と信長との関係を明らかにしたのが『武功夜話』だ。この書には、信長・秀吉時代のさまざまな興味深い事柄が記録されているが、そのなかでも生駒氏（吉乃）のことは、特筆されるべき話題の一つだ。

濃姫との結婚にかかわって、次のような記述がみられる。

ここに某《それがし》ども党中の進退むつかしき儀、子細南窓庵記《なんそうあんき》に記すところ。すなわち上総介信長様、美濃斎藤道三入道の御息女、（この人胡蝶《こちょう》というなり）御縁組以前に、郡邑《こおりむらい》生駒蔵人《こまくらんど》の女吉野《きつの》女、上総介様の御手付きあり。この生駒の後家殿、土田弥平治討死候いてより、雲球《うんきゅう》屋敷に罷《まか》りあり候ところ、上総介様、雲球屋敷へ御遊行《ごゆぎょう》、目を懸けなされ殊のほか御執心の揚句、上総介様の御たねを宿し罷り候なり。美濃との御縁組は、この一件秘事《ひじ》と成され候次第に候なり。

美濃との和睦が成立し、信長と濃姫（胡蝶）の縁組みが決定。それ以前から、信長は生駒雲球（八右衛門家長《いえなが》、生駒家当主、吉野の兄）屋敷を訪れていたが、夫の戦死で実家に戻った吉野（吉乃、以下吉乃と表記）を見初め、妊娠させる。和睦の妨げにならないように、このことは内密にされ、吉乃は、実家を出て、丹羽郡の井上屋敷で長男奇妙《きみょう》を出産した。

『武功夜話』の他の箇所には、縁組みが調い、濃姫が輿入れしたのは、弘治乙卯《きのとう》年吉日だったと記されている。干支で乙卯は弘治元年（一五五五）だ。2節でみたように、濃姫の輿入れは、天文十八年（一五四九）で、これが通説になっている。

この弘治元年説には、いくつかの難点がある。十八年からは時間がたちすぎている。またカギになりそうな、吉乃の夫土田弥平治（次）の討ち死にを、『武功夜話』では、弘治丁卯《ひのとう》年の美濃明智城の合戦としている。直近の「丁卯」は、永禄十年（一五六七）で、あてはまらない。「乙卯」の誤りなら、右のように元年になる。ところが、『武功夜話』の『別本』では、「弘治卯年」に弥平治が討ち死にしたとあり、元年に濃姫が輿入れし、その時吉乃が妊娠していたとするのは、かろうじて辻褄《つじつま》が合う。しかし、弥平治が討ち死にしたのは、道三と息子義竜の戦いに連動した明智城の合戦で、弘治二年とされている。こうなるとおかしな話だ。ここに、また別の情報がある。『武功夜話』の第四巻に収録されている「尾州稲木庄前野村由緒書」には、「弥平治は天文甲《きのえとら》寅歳、美濃において討死仕候いて後家と相なり」とある。「天文甲寅歳」は二十三年だ。翌年が弘治元年なのでいちおう筋は通る。もう一つの難点が、長男信忠の誕生だ。それを弘治三年とするのが通説（『総合事典』）。元年に妊娠していて、三年に誕生というのは無理だ。以上のように、弘治元年濃姫輿入れ説は、クリアしなければならない問題が多い。ここでは、このような説が『武功夜話』にあることのみを紹介して、今後の研究に待ちたい。

ただし、仮に天文十八年に縁組みが調い、弘治元年に輿入れとすると、信長、道三両陣営の同盟の必然性がよりよく理解できる。天文十八年は、信秀の死去により家督を継いだ信長にとって、弘治元年は嫡男義竜との対立が決定的になった道三にとって、濃姫を手段に、なんとしても同盟を実現しなければならない切羽つまった事情が双方にあった。先に示した『信長公記』の婚姻の簡単な記述よりもこの推測のほうがなおいっそう歴史のおもしろさを実感できるのではなかろうか。

弘治元年説には問題もあるが、濃姫（胡蝶）とのかかわりや、吉乃が生駒家の当主八右衛門家長の妹・土田弥平治の後家で、弥平治は信長の母土田御前の甥であることなど、『武功夜話』は生駒氏（吉乃）の素性や人間関係を明らかにしている。生駒家については前章で述べたが、信長は初めから吉乃を目当てに生駒屋敷を訪れたのではない。一言でいえば、財政的援助をあおぎ、生駒家につながる人脈を通じて勢力の拡大を図ろうとしたのだ。現に、男子が誕生して、信長の信任厚い八右衛門の仲介で、前野一党らが信長傘下に入る。それは、永禄元年（一五五八）であった。

これまでさまざまな角度から「若き日の信長」の姿をみてきたが、『武功夜話』にはどのように描かれているのだろうか。やや長文になるが、『信長公記』とはまた一味違う魅力を、最後に、原文で味わっていただきたい。

織田上総介藤原信長、御生母は美濃国可児郡土田村の住人、土田氏の女なり。尾州稲木庄郡郷《こおりごう》生駒八右衛門の縁家なり。土田甚助《どたじんすけ》はその跡なり。甚助の伯父御土田弥平次は生駒八右衛門の妹聟なり。備後様別腹の御子勘十郎様は、小さき頃より公子の風あり。上総介信長様、吉法師と申され、悪童の聞え高く、備後様卒去の後は、御家中大人衆御嫡子吉法師様を蔑如《べつじょ》なされ、為に二流と相成り定まらぬ間、吉法師信長様更に頓着《とんちゃく》相無し。御馬を駆けなされ候。後続く御近衆《ごきんじゅう》は五、三騎をかぞうるのみ、遊行しばしばに候。尾州生駒屋敷に御立ち寄り御休息これあり。備後様御薨去《こうきょ》の後、両三年は御葬儀も取り行わず候。吉法師信長様は生来生気あり。接すれば五体より陽気あがり、御前に停滞して去る事を知らずなり。鞍上干飯《あんじょうほしいい》をくらって、鞍づらを叩いて呵々《かか》大笑、稀に見る御仁に候。発するやその声雷の如し、馬乗の手練、まこと頼母敷御仁に候なり。

第3章 尾張国はどのように統一されたのか

1　尾張国の支配者と信長の家系をたどる

『信長公記』は次のように書き始められている。

去程に尾張国八郡なり。上《かみ》の郡《こおり》 四郡、織田伊勢守、諸侍手に付け進退して、岩倉と云ふ処に居城なり。半国下 郡《しものこおり》 四郡、織田大和守下知に随へ、上下川を隔て、清洲の城に武衛《ぶえ》様置申し、大和守も城中に候て守立申すなり。

織田信秀・信長時代の尾張国（愛知県南西部）の政治状況が要領よくまとめられている。『武功夜話』を援用して、具体的に説明してみよう。

尾張国は八郡で構成されている。上の四郡（葉栗・丹羽・中島・春日井）は、守護《しゅご》代《だい》織田伊勢守が支配し、岩倉（愛知県岩倉市）に居城。伊勢守は七兵衛信安から左兵衛信賢《のぶかた》に代替わりをする。信安は信秀の従兄弟にあたる。「上下川（小田井《おたい》川（庄内川））を隔て」、下の四郡（愛知・海東《かいとう》・海《かい》西《さい》・知多）は、織田大和守が守護代として、清須（愛知県清須市）に城を構えていた。大和守は、清須五郎から子の彦五郎信友（広信）の時代になっていた。清須五郎も信秀の従兄弟である。

つまり、信秀の父弾正忠信定《だんじょうのじょうのぶさだ》（勝幡《しょばた》城主）の兄が伊勢守敏信、弟が先代の大和守清須五郎だ。清須城中には守護《しゅご》の館があり、武衛家とも呼ばれた斯波《しば》氏、当代義統《よしむね》が彦五郎に庇護されていた。本来、伊勢守家と大和守家が両守護代だが、守護義統を抱える大和守織田彦五郎が実質的な守護代となっていた。

続いて『信長公記』は、弾正忠家、当代備後守《びんごのかみ》信秀に筆を進める。

清須大和守家には、小守護代の坂井大膳《だいぜん》と大人衆（家老）がいて、大和守家を牛耳っていた。その下に三奉行がおかれ、彼らが軍事面を取り仕切っていた。織田因幡守《いなばのかみ》、織田藤左衛門、織田弾正忠の三人で、因幡守は伊勢守信安の弟、藤左衛門は信秀の祖父敏定《としさだ》の弟の家系で、名乗り（諱《いみな》・実名）が寛維《ひろつな》で於《お》台《たい》城（小田井〔愛知県清須市〕）主。

信秀は尾張国勝幡城（愛知県稲沢市）主。祖父と父の法名が西巌《さいがん》、月巌《げつがん》で、舎弟には、与二郎・孫三郎（信光）・四郎二郎・右衛門尉があった。弾正忠家は代々武勇の家柄で、備後守はとくに「器用の仁（有能な人）」だった。尾張国の諸勢力を糾合し他国との戦いに奔走していた。ある時（天文《てんぶん》七年〔一五三八〕ごろか）、駿河今川の居城、那古野城（現名古屋城二の丸）を謀略で奪い取り、そこに移った。その後、嫡男信長に譲って古渡《ふるわたり》（名古屋市中区）に新城を築き、尾張の有力都市熱田（名古屋市熱田区）に進出した。

信長の法名は泰巌《たいがん》、父信秀は桃巌《とうがん》、祖父信定は月巌である。西巌は信長の曾祖父にあたり、『武功夜話』では大和守治郎左衛門敏定になるが、西巌とは記されていない。敏定―信定―信秀―信長の家系は、江戸幕府の思想面での責任者林羅山《らざん》の『織田信長譜』（寛永十八年〔一六四一〕成立）所収の「織田家系図」にも記載されている。ところが、これを否定し、敏定ではなく織田弾正忠良信《よしのぶ》とし、傍流の弾正忠家を主流に結びつけようとする作為がそこ（「織田家系図」）に感じられるとする見方もある（『織田信長のすべて』「信長の出自」、福尾猛一郎、新人物往来社）。にわかに判断できないが、敏定は、『武功夜話』には、系図ではなく、本文に楽田殿《がくでん》の呼び名で繰り返し登場する。また豪勇無双ぶりが称賛され、あたかも孫信秀がその再来であるかのように描かれている。

法名で伯巌《はくがん》―訃巌《ぼくがん》の系列もみておかねばならない。信康・信清《のぶきよ》親子で、信康は信秀の弟で犬山城（愛知県犬山市）主。犬山は美濃に対する最前線で、岩倉との結びつきも強い。木曽川流域を根城にする川並衆は、信長時代の初期まで犬山に従う者が多かった。豪商生駒家も犬山を上得意にしていた。吉乃に男子が誕生して、当主八右衛門は信長に加担することになる。ちなみに前野家は、敏定の時に十代時正《ときまさ》が旗下に参じ、十三代宗康が岩倉の筆頭奉行人（家老）を勤め、信安、信賢親子の家督争いに悩み、ついには落城の憂き目を見ることになる。十四代雄吉《かつよし》は信長の命により母方の小坂《おさか》を名乗り、信長家の御台地《みだいち》（直轄地）の代官職を継いだ。

2　清須城奪取の背後には何があったのか

信秀の葬儀がおこなわれると、さっそく反信長の動きが活発化する。家督を継いだ信長の最初の難関が大和守の支配する清須城だった。初めに奪城の顚末を、『信長公記』でかいつまんでみておこう。

①清須の大人（家老）衆が信秀方の松葉（愛知県大治《おおはる》町）・深田（不明）両城を攻撃。すぐに信長が駆けつけ、海津（萱津《かやつ》〔同甚目寺《じもくじ》町〕）で激戦となった。信長軍が勝利。両城を解放して、そのまま清須城まで追いつめた。

②守護の臣下に簗田《やなだ》弥次右衛門《やじえもん》という小身者がいた。若者ながら三百ほどの勢力を持つ那古野弥五郎と男色の関係を結び、清須城を分裂させようとした。報告を受けた信長は町屋に火を掛け裸城にしたが、警護が厳重で、守護の生命が危ぶまれたためその日は引き取った。城中は疑心暗鬼に陥った。

③七月十二日、守護の嫡子岩竜丸が屈強の若侍を伴って川狩りに出かけた。そのすきに坂井大膳《だいぜん》と大人衆は御殿に押し寄せた。芸能者や小姓たちがよく戦ったが守護勢は惨敗し、守護義統は死亡。岩竜丸は浴衣のまま信長のもとに駆け込み保護された。

④七月十八日、柴田権六《ごんろく》（勝家）が清須を攻撃。堀の内まで攻め込んだ。信長軍の長槍に突きたてられ、大人衆河尻左《かわじりさ》馬丞《まのじょう》・織田三位《さんみ》ら三十騎ばかりが討ち死に。柴田軍の「あしがる衆」のなかに太田又助《またすけ》（『信長公記』の作者太田牛一）の名がみえる。

⑤清須では、大人衆がみな討ち死にし、小守護代《こしゅごだい》坂井大膳ひとりが守護代織田彦五郎と対峙していた。大膳は信長の叔父孫三郎信光に彦五郎と両守護代になるようにという苦肉の策を提案。信光は了承して七枚起請《きしょう》を差し出した。

四月十九日、信光は清須城の南櫓《みなみやぐら》に入った。表向きは大膳に従ったが、信長と相談ずくの城乗っ取り作戦だった。尾張下四郡の二郡を譲るとの密約が交わされていた。

四月二十日、大膳がお礼に南櫓を訪れると、あまりにも凄まじい殺気に風をくらって駿河に遁走。彦五郎は自害した。信光は清須城を信長に渡し、那古野城を得た。

⑥その年の十一月二十六日に不慮の出来事が起こり信光は突然死去した。

①に「織田上総介信長、御年十九の暮八月」（天文二十一年〔一五五二〕）とあり、⑥が弘治《こうじ》元年（一五五五）とみられるので、清須城攻略には足かけ四年の歳月を要したことになる。しかしこの長期にわたる戦いで、信長は守護・守護代を打倒し尾張国の権力を奪い取った。まさに典型的な下克上だ。清須では守護代の大人衆が実権を握っており、彼らとの戦いが正面切っておこなわれた。それと同時に、信長の裏面工作も盛んに試みられたに違いない。

③の守護義統の死について、「主従と申しながら、筋目《すじめ》なき御謀《ごむ》叛《ほん》思食《おぼしめし》たち、仏天の加護な

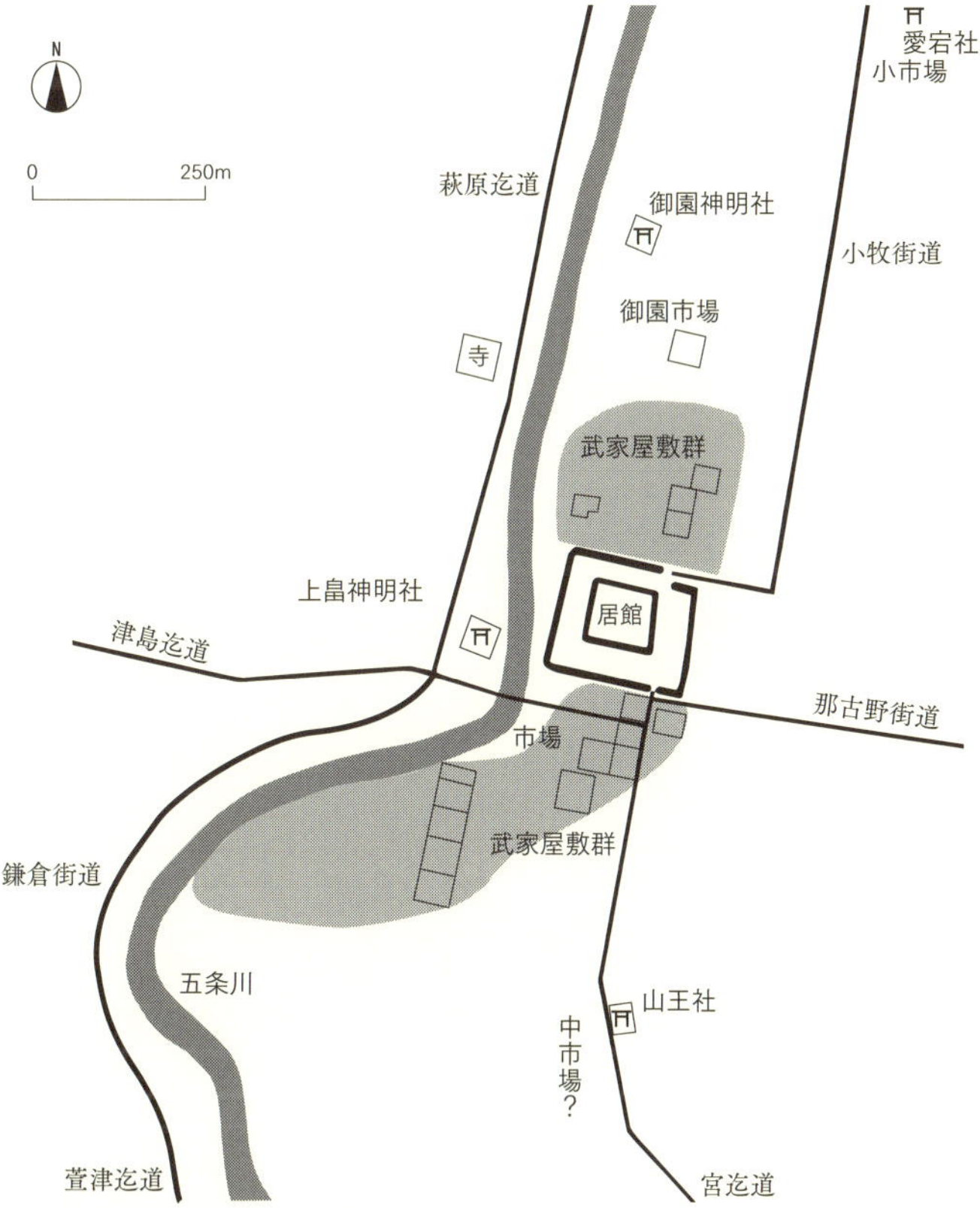

前期の清州城と城下町の復元想定案（鈴木正貴「清州城」／千田嘉博編著『天下人の城』風媒社、47ページから）

く、か様に浅猿敷《あさましく》無下《むげ》〱と御果て候。（中略）御自滅と申しながら天道恐敷《てんとうおそろしき》次第なり」といいきっている。「主」は守護義統、「従」は小守護代坂井大膳をはじめ大人衆をさしている。普通は、家臣が主君に謀反を企てるのだが、ここでは不思議なことに、主君が家臣に反逆したとなっている。④の最後にも、「武衛様逆心思食立《ぎゃくしんおぼしめしたつ》といへども」とあり、たしかに守護義統の大人衆への反撃を、「謀叛・逆心」といっている。

清須城内は、守護―守護代―小守護代・大人衆―三奉行の支配体制になっていた。ところがいまや、守護はまったく埒外におかれ、守護代も形骸化し、小守護代・大人衆が実権を握っている。その守護が大人衆に挑戦し、旧体制の復権を狙った。その時、信長の何らかの肩入れがなければ立ち上がることはできなかったはずだ。戦う守護を擁護するという大義名分をかかげて、陰ながら指示や支援をしたに違いない。岩竜丸のスムースな救出劇はそのことをよく表している。この挑戦を三奉行身分の信長の敵対行動と見抜き、形式的には守護の「謀叛・逆心」と作者はとらえたのだ。その後、叔父信光と共謀して守護代彦五郎を自害に追い込む。小守護代坂井大膳も追放し、清須の旧体制を崩壊させた。政権奪取に成功したのだ。

この清須城の落城が思わぬ結果をもたらした。共謀者叔父孫三郎信光の突然の死である。⑥にあるように、「不慮の仕合《しあわせ》出来して」急死したというのである。この「不慮の仕合」とは何か。また二人の関係はどうだったのか。当然のことながら疑問がわく。そこで、『信長公記』の後継者、『信長記』（現代思潮社古典文庫）の意見を聞いてみよう。

備後守殿御逝去の時、舎弟孫三郎殿に、信長事は其の方へ任せ置くの条、諫争《かんそう》を尽し守立給へ、信長も亦《また》父と思ふべしとて、終らせ給ひしが、誠に其の言《ことば》を違へず、伯父の恩賞浅からずとて、那古野の城に河東《かわひがし》を相添へ、孫三郎殿へ参らせらる。実に《げ》も君々たり臣々たりとぞ見えたりける。

斯《か》かる処に、孫三郎殿は、不慮に同十一月廿六日の夜に入りて、近習の坂井孫八郎と云ふ者弑《しい》し申しけり。其《それ》を如何にと尋ぬるに、彼の北の方、内々孫八郎と心を通はしけるに、其の事洩れ聞えしかば、彼の妻と心を合せて殺しけるとぞ聞えし。

まず両者の関係だが、それぞれの立場をわきまえ、提携・協力して守護代の追放を成し遂げ、恩賞の約束も果たされたと述べている。理想的な君臣関係で、まさに「君々たり臣々たり」だった。ところがこれと好対照なのが『武功夜話』で、きわめて現実的だ。③にあたる守護代・大人衆が守護を殺害した場面では、「彦五郎御一門衆同心の下の郡織田伊賀守、同織田孫三郎等（が）清須に駆け付け」た。ところが松葉・深田城の戦いでは、逆に信長に味方したといっている。つまり信光は、形勢をうかがいつつ、二股をかけていたのだ。そのことを、「欲心」のためだと非難されている。そこで信光の死の問題も含めて、『信長公記』における両者の関係を確認しよう。⑤だが、坂井大膳の懇請に、「七枚起請（神仏にかけて誓った約束）」で両守護代を受け入れた信光が、一方では、信長と「御約諾《やくだく》の抜公事《ぬきくじ》（秘密の約束）」を交わしていた。結果的には信長方の勝利となり、信光は守山城から尾張の新しい拠点、那古野に移る。ここでは、起請文のリスクを負いながらも信長と協調関係にあったとみられる。ところが、「其年霜月廿六日、不慮の仕合出来して（事件が起こって）孫三郎殿御遷化《ごせんげ》。忽《たちま》ち誓紙の御罰、天道恐《おそろしき》哉《かな》と申しならし候キ。併《しかしながら》、上総介殿御果報《ごかほう》の故なり」と、信光は突然の死に襲われる。「事件」とはなにか。『信長記』は、引用文のように不倫の清算という突発的な偶然の事件とみている。

『信長公記』は、坂井大膳との「誓紙の御罰」としながらも、信長の「果報」（因果応報）によるもので、天道が味方したといっている。『信長公記』の「天道」は、内容はともかく、勝利者の勝利を正当化する因果観である。このことからすると両者の関係は、安定した協力・協調でも、信光の日和見的なものでもなく、かなり厳しい競合関係にあったと考えられる。そのせめぎ合いに信長（上総介）が勝ち抜いた。その勝利を「果報の故」と理由付けているのだ。不倫事件はおもしろいが、信光の死には信長が深くかかわっていたと考える方が正解であろう。また②の簗田の分裂工作も、色恋沙汰でカムフラージュしているが、彼の単独行動とはとうてい思えない。簗田弥次右衛門は桶狭間の合戦の時には、信長の諜報部隊の頭領を任されており（次章参照）、これにも信長の働きかけがあったとみなければなるまい。

3　浮野の「一騎討ち」を読み解く

清須城の攻略で、尾張国の実権と「下の郡」を掌握した信長は、「上の郡」に触手を伸ばしていくが、その前に、叔父や兄弟との抗争に決着をつけねばならなかった。その総決算が弟勘十郎信勝（信行）との戦いだ。稲生《いのう》（名古屋市西区）の戦いを経て弘治四年（永禄《えいろく》元年〔一五五八〕）、仮病を使って勘十郎を清須城内で誘殺。ところがその時、勘十郎は岩倉の織田伊勢守信賢と結託して、信長の御台地、篠木《しのき》三郷《さんごう》（愛知県春日井市）を横領しようとしていた。「上の郡」をうかがう信長にとって、岩倉攻撃の格好の口実となった。

清須から岩倉は三十町ほどもなかったが、正面からは足場が悪かったので、三里北の浮野（愛知県一宮市）に出陣。足軽で攻撃を仕掛けると、岩倉方も城を出て、三千の多勢で応戦した。

> 七月十二日午刻、辰巳《たつみ》へ向つて切かゝり、数刻相戦ひ追崩し。爰《ここ》に浅野と云ふ村に林弥七郎と申す者、隠れなき弓達者の仁躰なり。弓を持ち罷退《まかりの》き候処へ、橋本一巴《いっぱ》、鉄炮の名仁《めいじん》渡し合ひ、連々知音《ちいん》たるに依つて、林弥七郎一巴に詞《ことば》をかけ候。たすけまじきと申され候。心得候と申候て、あいかの四寸ばかりこれある根（矢鏃《やじり》の一種類）をしすげたる矢をはめて、

立ちかへり候て、脇の下へふか〴〵と射立て候。もとより一巴も二つ玉（弾丸二個）をこみ入れたるつゝをさしあてゝはなし候へば、倒臥《たおれふ》しけり。然る処を、信長の御小姓衆佐脇藤八走懸り、林が頸《くび》をうたんとする処を、居ながら大刀を抜持ち、佐脇藤八が左の肘を小手くはへに打落す。かゝり向つて終に頸を取る。林弥七郎、弓と大刀との働き比類なき仕立なり。

つまり、この日の戦いは橋本一巴と林弥七郎の一騎討ちで決着がつき、そのまま清須へ帰陣した。翌日、首実検をしたところ、屈強の侍の首が千二百五十余もあった。

この記述が、『信長公記』の「浮野の戦い」のすべてだ。岩倉方三千の約半数が犠牲になったという大激戦だったはずなのに、合戦そのものはまったく描かれない。それにかえて林弥七郎と橋本一巴の「一騎討ち」がその役割を果たしている。引用した描写は短文ながらなかなかおもしろい。橋本一巴は信長の鉄砲の師匠として有名だが、林弥七郎はよくわからない。浅野村出身の弓の名人で、敵ながら最大の賛辞が贈られている。

『信長記』も同様に「一騎討ち」だが、いくつかの違いがある。その主なものは次の三点だ。『信長公記』の「七月十二日」を、「永禄元年七月十二日」と年次を明示していること。また、これもなかなか調査が行き届いているが、信長軍の先陣を切ったのが犬山の織田信清軍だったこと。つまりこの時点で信清はすでに信長の旗下に属していた。その犬山勢の土蔵《とくら》四郎兵衛と

「元は犬山の者なりしが、近年岩倉へ立ち越えて、軍奉行してありし」前田左馬允《さまのじょう》との「一騎討ち」であったとしていることだ。橋本対林が、複雑な事情のありそうな前田対土蔵にかえられている。この点について、『織田軍記』はどうか。それはごく単純に両書の文章を結びつけ、前田対土倉、林対橋本の両「一騎討ち」が並べて記されている。

『信長公記』の林対橋本、『信長記』の前田対土蔵、『織田軍記』の両者に何か根拠や理由があるのだろうか。岩倉城とかかわりの深い『武功夜話』にその実情をうかがってみよう。

永禄元年七月十三日、犬山・小久地《おくち》勢と岩倉勢が、残暑きびしいなか、浮野原で激突した。その日は岩倉勢に利がなく、手勢をまとめて城に引き返そうとしていた時、小久地勢に退路を塞がれた。岩倉方の前田左馬介は討ち死にを覚悟し、めぼしい武者と取り組み、武者の本懐を遂げたいと物色していたところへ、大声で呼びかけ押し寄せて来たのが、「日頃より昵懇の間柄」の土倉四郎兵衛だった。四郎兵衛ならば不足なしと、「一騎討ち」が始まった。

三間柄の片鎌鑓《かたかまやり》を繰り出し突き懸れば、四郎兵衛は、関の鍛冶のきたえたる三尺五寸の業《わざ》物《もの》、軽々と打ち振り火花を散らして渡り合いける。また左馬介は剛の者なれば、大鑓をもつて四郎兵衛の頭上目懸けて振り下ろしければ、早朝よりの出入り疲れのため、手元くるつて不覚にも土壇《どだん》を強く叩きければ、鑓の鎌首三尺ばかり打ち折れたれば、四郎兵衛すかさず踏み込み、太刀筋前田が草ずり共に太ももしたたかに割りたれば、流石《さすが》に剛の者左馬介も思わず片膝つき崩れ落ちければ、四郎兵衛大太刀をかなぐり捨て、馬乗りになり首かき切り、前田の首四郎兵衛討ち取ったりと大音声《だいおんじょう》に呼ばりければ、味方声をからして賞しける。

『武功夜話』も土倉と前田の「一騎討ち」で「浮野の戦い」を描いている。このようにその戦いぶりを素朴だが生き生きと書き表している。永禄元年七月十二（十三）日の事で、犬山（小久地）勢の土倉という設定も、『信長記』と一致している。

また『信長記』の前田が、「元は犬山の者なりしが、云々」についても、『武功夜話』は次のようにその間の事情を語っている。前田左馬介は尾州下の郡荒子村の出身で犬山城主織田信康に仕えていた。信康の家来に佐脇藤左衛門という人がいたが、男子がなかったので、信長の身内、前田利家の弟藤八を猶子にした。左馬介にとっても弟だった。ところが、兄利家は清須城での粗忽な振る舞いによって信長の勘気を蒙り清須を退去した。このたび信康が信長と同心したことを聞き、前田左馬介は犬山を逐電、岩倉へ入城した。有名な利家の出奔事件に関連して、信長への遺恨により岩倉に属したというのである。

このように、『信長記』の疑問を『武功夜話』によって読み解くことができたのだが、『信長公記』の林対橋本はどうであろうか。これも『武功夜話』に手掛かりがある。それも意外なことに、林弥七郎は木下藤吉郎の妻おねの実父であったというのだ。おねは尾州丹羽郡浅野村の浅野又右衛門の養女であるが、実は同村の林孫兵衛の妹で、親林弥七郎は信長の岩倉城攻めの時、浮野原の戦いで討ち死にした。その後、兄と妹を浅野又右衛門が養子にしたというのである。おねについては本書第7章「秀吉の出自と出世の謎」をご覧いただきたい。

この林家には、「林家成立書」（『阿《あ》淡藩翰譜《たんはんかんふ》』所収）があり、この問題について、瀧喜義氏が『前野文書が語る戦国史の展開』（ブックショップマイタウン）で次のように紹介している。現代語訳でみておこう。

> 先祖林《はやし》愚仲《ぐちゅう》は尾州蜂須賀郷の浪人で田地を三千町ほど所持し、家来を多数召し抱えていた。福聚院《ふくじゅいん》（小六）様の時、命令を受け嫡子弥七郎と次男喜兵衛はあちらこちらの戦い、夜討ち、忍び等にお供をした。清須合戦の後、橋本一巴が敵方に寝返った。あまつさえ七、八百の勢力で引き籠もってしまった。福聚院様は不届き者を討ち取れと命じられた。弥七郎は手勢百余騎を引率して偵察に出た。その折、一巴と遭遇、たがいに詞をかけ、弥七郎は弓、一巴は鉄砲で双方相討ちで討ち死にした。

その当時、蜂須賀小六は岩倉城に在城していた。林と橋本はともに彼のもとで働いていたが、橋本は敵方（信長方）へ寝返ったというのが、「一騎討ち」の背景だ。

『信長記』は慎重にこれを採用しなかったが、『織田軍記』は『信長公記』に存在することを根拠にして、前田対土倉（蔵）と併存させた。しかし、以上のように、『信長公記』はまったく架空の事件を捏造したのではなく、なんらかの情報を受け、「浮野の戦い」の象徴的事件として書き記していったとみることができよう。

4　岩倉城開城の内幕

一、或時岩倉を推詰《おしつ》め、町を放火し、生城《はだかじろ》になされ、四方しゝ垣二重・三重丈夫に仰付けられ、廻番《かいばん》を堅め、二・三ケ月近く陣にとりより、火矢・鉄炮を射入れ、様々攻めさせられ、越訴《おっそ》抱《かかえがた》難きに付て、渡し進上候て、ちりぐ〳〵思ひ〳〵まかり退き、其後岩倉の城破却させられ候て、清洲に至つて御居城候なり。

これが『信長公記』の岩倉城開城のくだりの全文だ。清須城奪取の時とはまったく対照的で、ごく簡潔に事実を述べているにすぎない。その違いは清須城攻撃に作者の太田牛一が参戦していたというだけではなく、岩倉城の戦いが約六カ月間の籠城戦であったが、はかばかしい合戦も悲壮な落城劇もなかったという点にその理由を求めることができよう。

それでは、その経緯と内情を、『武功夜話』で解き明かしてみよう。まさにこの書の独壇場である。

織田信秀の生前には不満がありながらもその威勢に従っていた犬山の織田信清（訃巌）と岩倉の織田信安は、信長が家督を継ぐとたちまち反抗の行動を起こした。両者は領地争いをしていたが、美濃の斎藤義竜と通じ、反信長で手を組もうとした。

岩倉城跡（岩倉市）

そこで信長は、信清と信安の調略に取りかかった。信安には前野宗康《むねやす》らの宿老（家老）の働きかけで、家督を嫡子の信賢に譲らせ隠居させた。また信清には、生駒八右衛門を遣わし信長に帰属するよう勧誘した。それが見事成功し、信清は信長の傘下に入った。両者を分断するとともに、信長、信清の両軍で岩倉を攻撃する態勢になった。

永禄元年春すぎ、信長が岩倉を攻撃するとの風聞が立った。信賢はかたくなに戦いの構えを崩さなかった。そこで宗康と稲田修理亮の両宿老は、信長も美濃の出方を窺いつつ、我が方の動きを注視しており、即攻撃をかけてくる様子はないので、しばらく籠城し、和議に持ち込み、伊勢守家の存続をはかるべきだと説得した。ところがそれは受け入れられなかった。美濃の義竜は大河を封鎖されて出陣できないし、信清も信長の旗下に入り、籠城しても援軍は来ない。和議ではなく一戦を交えるのみだと叔父の七郎左衛門はじめ小姓衆や主要な武将達は強気に反論した。激論がかわされたが、結局、信賢は叔父らの抗戦論に屈してしまった。七郎左衛門は、信長を侮り、無益なる籠城・和議は笑止の沙汰だと高笑いをし、宿老は城中に居残れと罵って信賢に出陣を促した。若侍たちも春の無念を晴らさんものと席を蹴って出ていった。

浮野原で二刻半《ふたときはん》、火花を散らして戦ったが、巳の上刻、城方は押しまくられ東北へ二町ばかり退いたところを犬山勢に挟み撃ちにされ大敗した。七郎左衛門らは討ち死にし、味方は四散。午刻に勝負は決した。城方の討ち死には三百有余。永禄元年七月十三日の事であった。清須勢は町屋に乱入、焦土と化し、岩倉城は裸城となった。

以上が前節でみた「浮野の戦い」までの岩倉方の動静だ。その敗退後を次のように記す。

> 尾州浮野原の敗退、当日のうちに町屋二目と見られなき荒城に候。大方の歴々衆は討ち取られ、明の日上総介様御帰陣の後は、権六、右衛門の兵六百有余、東辺の限り古川筋より加納馬場辺りまで、厳重に鹿垣《ししがき》を取り結び、陣所垣内《じんしょかきうち》に構え遠巻き、見張の番所に夜中は松明《たいまつ》、篝火《かがりび》、炎々と連り隙《すき》なく候。去る程に城中徒らに時日を費すのみ。足軽小者《こもの》ども次第に逐電、年明けて永禄己未《つちのとひつじ》年（二年）正月半ば、城中兵粮も細り、兵衛尉（信賢）三度目越訴《おっそ》に及びしが、更に御許容相無し。すでに領地は悉《ことごと》く信長公に奪い取られ、為に術《すべ》

相無く御家存続も叶わぬまま、大人（家老）ども相談の揚句、古川筋警固の佐々内、前野小兵衛尉（勝長）案内仕り、美濃へ落ち行かれ候の次第。

清須方が大手門まで攻め寄せ、厳重に城を取り巻いた。三度「越訴状」を差し出したが許容されず、女子・童六十余人の「越訴」は叶わなかったが、信賢の一命は助けられた。御台所《みだいどころ》にも因果を含め、前野小兵衛らが河内松倉《かわうちまつくら》の前野又五郎（忠勝《ただかつ》、宗康の弟）の所まで案内した。宗康は最後まで城中に残り、信賢の退去後、開城した。城はすべて取り壊された。八右衛門の取りなしで責任を問われることもなく在所に隠居し、翌年の九月に七十二歳で死去。

『信長公記』は、「浮野の戦い」を「七月十二日」、「岩倉城開城」を「或時」として年次を記さない。一方、『武功夜話』は、前者を、「永禄元戊午《つちのえうま》七月十三日」、後者を、「永禄己未《つちのとひつじ》年（二年）正月半ば」と明記している。角川文庫の校注者は、それぞれ「永禄元年（一五五八）」、「永禄二年」と推定している。根拠は示されていないが、「大日本史料」（日本の歴史を叙述するための根本史料）の目次、「史料綜覧《そうらん》」が採用している『織田軍記』の「永禄二年己未初春」によったものと思われる。同書は、貞享《じょうきょう》二年（一六八五）の成立で、史料としての価値は低い。『武功夜話』は浮野の四月の戦いにも触れており、現在のところ、年次のわかる最も古い史料と考えられる。そうすると最初にも述べたように、岩倉城の戦いは約六カ月間の籠城戦で、右の『武功夜話』の引用文にあるように、再三の開城の訴えが信長に許容されず、いたずらに日時を費やすのみでじり貧状態になり、ついに城主の脱出で結末をむかえた。そのような体たらくであるから『信長公記』の落城描写も単純なものにならざるを得なかったのだ。

5 『武功夜話』の発信する情報

岩倉城とその落城をめぐって、『武功夜話』の発信するその他の情報を箇条書きふうに紹介しておこう。

（一）信長が永禄二年、将軍足利義輝《よしてる》に謁見《えっけん》するために上洛したことは、『言継卿記《ときつぐきょうき》』の二月二日の条の、「自尾州《びしゅうより》織田上総介上洛云々、五百計云々、異《い》形《ぎょうの》者《もの》多《おおし》云々《うんぬん》」と、年次を記さないがそれと推定される『信長公記』の記事で有名だ。ところが、上洛は包囲戦以前、最中、以後なのかという諸説がある。『武功夜話』が開城を、「永禄二年正月半ば」としているので、少々慌ただしいが、距離的にも十分可能であり、それは落城以後であったと判明する。清須城、岩倉城を攻略し、尾張の大部分を制圧したことを報告するための上洛であったのだろう。

（二）『信長公記』と『武功夜話』の右の引用文を並べて読んでみると、両者が、あまりにもよく似ているのに驚かされる。もちろん前者の説明不足を後者で補えるのはきわめて有効だ。それだけではなく『信長公記』の記述が想像・創作の産物ではなく実際の体験や何らかの資料にもとづいて書かれているといえる根拠にもなる。

繰り返しにもなるが、岩倉開城の陰の主役は前野家十三代宗康だ。前野家は十代時正の時、織田家の本家、岩倉の伊勢守に仕えた。宗康は信安・信賢の家老を勤め、落城の憂き目を見る。以後前野一族は、紆余曲折をへつつ、生駒八右衛門の取りなしもあって信長の配下に入るのだが、この岩倉城の敗北が、まさに家存続の危機そのものだった。しかも「後年某《それがし》ども前野党の者、意々巷間《こうかん》の取り沙汰もこれあり。清須織田上総介様へ相通じ、不忠の謗も免れず候」とのいわれなき中傷にもさらされ苦渋のうちに宗康は翌年、命を終えた。長男宗吉《むねよし》（のち雄吉《かつよし》）、次男長康、三男勝長の将来もこの挫折からスタートする。長康の盟友でともに豊臣秀吉の股肱《ここう》の臣となる蜂須賀小六もこの時岩倉城に詰めていた。『武功夜話』は、歴史学上、一級史料ではない。しかし、この事件にかぎってみても史料としての条件は最良のものといえる。前野氏とも親交のあった太田牛一が、実見したのかどうかはわからないが、何らかの情報交換、資料収集をしたのは確かだと考えてほぼ間違いあるまい。

（三）両引用文に共通していることばでとくに目をひくのが「越訴《おっそ》」だ。『信長公記』では、「越訴抱難きに付て」とややわかりにくい表現になっているが、『武功夜話』には、「三度目越訴に及びしが」、「両三度越訴状を差し出し候」、「越訴は叶はずも」などとあり、城方が、「城を保ちえないので開城する」と攻城方に訴えたと解釈できる。「越訴」は裁判用語で、元来、下級裁判所を飛び越えて上級裁判所に訴えることで、江戸時代では、「藩主や登城中の老中の駕籠に訴状を提出する駕籠訴《かごそ》や、奉行所への駆込訴《かけこみそ》」（『日本史広辞典』）がよく知られている。しかし、『信長公記』の用例はこの定義にはあてはまらず、「日本国語大辞典」にも登載されていない珍しいものだ。

ところが最近、『声と顔の中世史――戦さと訴訟の場景より』（蔵持重裕、吉川弘文館）に、中世の訴訟として、「口頭の詞による訴という社会の伝統はなくなったわけではない。それは訴の救済措置である越訴によく表れる。越訴は、裁判に敗れた者が上級の権威に訴えるシステムであることからみれば、敗者の世界ということであろうか」、また弘長《こうちょう》三年（一二六三）の史料により、「この訴は『高声《こうしょう》』、つまり口頭でおこなうことを規定しているのである」との記述があることを知った。この見解を訴訟の場から落城の場面に移してみるとそのことばの働きはほとんど重なりあう。つまり、敗者（城方）が上級の権威（攻城方）に、救済措置（開城の措置）を、口頭の詞（口頭でまたは文書）で訴えるというわけになる。裁判用語としての「越訴」が、しばらく断絶していたかのようにみられるが、合戦用語として『信長公記』に生き残っていた。しかも孤立してではなく。それを『武功夜話』が証明している。『武功夜話』には、たとえば、播磨別所氏の三木城の開城にもこの「越訴」が使われており、まさに生きた合戦用語として存在していたことがわかる。ちなみに、『織田軍記』では、「寄手へ訴訟申しける」となっていて、現代でも通用することばに置きかえられている。合戦用語「越訴」の共存からも、『武功夜話』と『信長公記』が意外に近い関係にあったという事実を再認識させられる。

（四）大河ドラマになった山内一豊《かずとよ》も岩倉城に籠城していた。一豊は、夫人見性院《けんしょういん》の内助の功（名馬購入・笠の緒《お》の文）が有名だが、近江唐国《からくに》四百石から土佐一国の大名に出世した。しかし、若き日の姿を史料では確認できない。そこで『武功夜話』の説をみておこう。

父山内猪《い》助盛豊《すけもりとよ》は岩倉織田氏の家老で、黒田城（愛知県一宮市）主。浮野の戦いで討ち死にした。猪右衛門一豊は信賢の小姓で幼少ゆえ、父の戦死後も城中に残った。しかし落城後、山内家は前野家と親族だったので、前野宗康の弟忠勝の松倉城（岐阜県各務原市）に避難した。前野・生駒との関係もあり、信長の詮議もなく、そのまま松倉に留まっていた。

その後永禄九年（一五六六）の墨俣《すのまた》築城の折には、前野式部《しきぶ》（山内家から猶子《ゆうし》として前野家に入った）が、息子の勘八郎と一豊を連れて前野長康の陣所へ参陣し、秀吉の指揮下に入った。成人して秀吉幕下の将となり対馬守を称した。また、元亀《げんき》元年（一五七〇）の越前金ケ《かなが》崎《さき》の退陣では、秀吉陣営の蜂須賀小六の配下として名を連ねている。

通説では、「山内家の史料によれば、当主を失った一家は、尾張国苅安賀《かりやすか》城の浅井氏、美濃国松倉城の前野氏、それに美濃国牧村城の牧村氏のもとへ寄寓することになった」（『一豊と秀吉が駆けた時代』「山内一豊の生涯」太田浩司、長浜城歴史博物館）とされているが、いずれにしても確たる証拠はない。前節の岩倉落城のいきさつを考慮してみると、『武功夜話』の落城直後、松倉城に匿われたとする説はかなり説得性があるように思われる。

（五）最後に、極め付きの情報、岩倉城がどのような城であったのかだ。それが、『武功夜話』に記録されている。原文を読んで想像していただきたい。

尾州丹羽郡岩倉御城は、織田兵庫助敏広公築き給う御城に候なり。丑寅《うしとら》古川筋大河あり。この古川より堀割水引き込み、堀割二重これあり。追手門《おうてもん》前土居高く築き、土居の高さ丈五尺有余これあり。至極堅固の構えに候。本丸、二の丸、馬場、まこと広く御屋形は平棟、その上に望楼を備え、間口二十一間半、奥行き二十三間これあり。御殿を併《あわ》せ棟数十有七棟、上郡に比類無き御城に候。大屋根は萱《かや》にて葺き、威風は数十町先より遠望、景観は旅人眼を驚かし、清須御城よりその広大なる事勝《まさ》つて数うべからずなり。往還《おうかん》に町屋立ち並び、枡割《ますわ》り相整い御城より九町先垣内なる処、柵を結び、この柵垣五坊まで相続き五坊をもつて取出と為す。未申《ひつじさる》の方位は深田数十町節所《せっしょ》自然の要害なり。

現在、岩倉市の下本町に石碑を残すのみで、その偉容をしのぶよすがはない。発掘調査がおこなわれ景観復元も試みられており、この記述が客観的根拠をもって、映画やドラマのロケーション・セットなどの参考に利用される日の来ることを願っている。

第4章 桶狭間の戦い――勝利の秘策とは？

1　「迂回奇襲説《うかいきしゅう》」まかり通る

平成二十二年（二〇一〇）は、名古屋開府（名古屋城築城開始）四百年、桶狭間の戦い（永禄《えいろく》三年〔一五六〇〕）四百五十年の記念の年だった。名古屋市はもとより、名古屋市緑区（桶狭間古戦場公園）と愛知県豊明市《とよあけし》（桶狭間古戦場伝説地〔国の史跡〕）の二つの古戦場跡でもさまざまなイベントがおこなわれた。

桶狭間の戦いは、戦国時代の合戦のなかでも、最も関心度の高い戦いの一つで、源義経の鵯《ひよどり》越《ご》え、毛利元就の厳島《いつくしま》の戦いとともに三大迂回奇襲戦といわれ有名だった。また織田信長の代表的な合戦で、長篠《ながしの》の戦い、本能寺の変と同様、四百五十年が経過した現在でも、新説が次々に発表されている。

この戦いを「迂回奇襲戦」――敵の背後に回り込み気づかれないように急襲する作戦――と呼ぶようになったのは、明治三十一年（一八九八）の陸軍参謀本部編『日本戦史　桶狭間役』で、「迂回急襲（奇襲）」の「例証戦史」として取り上げられたことによる。しかしこの見方は、名称はともかく、小瀬甫庵《おぜほあん》の『信長記』に端を発し、『織田軍記』、『桶狭間合戦記』などに継承され定着していく。江戸時代に広まり、つい最近まで定説となっていた。

先にみたように、信長は、弘治元年（一五五五）に清須城を、永禄二年（一五五九）に岩倉城を落とし、尾張一国をほぼ掌握したが、愛知郡・知多郡の三河国境と海西郡《かいさい》（蟹江城《かにえ》）は今川義元の侵食をうけてはなはだ不安定な状況にあった。黒末川の河口の鳴海城《なるみ》とその対岸の大高城《おおだか》は今川に占拠されていた。そこで、鳴海城には丹下《たんげ》・善照寺《ぜんしょうじ》・中島砦を、大高城には鷲津《わしづ》・丸根砦を配置（付城《つけじろ》）し、今川の勢力を分断していた。またさまざまな手も打っていたが、今川との衝突は避けられず、決戦は時間の問題だった。

永禄二年の春に大軍令を発し準備を進めてきた義元は、同三年五月八日に三河守《みかわのかみ》に任ぜられ、ついに五月十日には、先発隊を出陣させた。義元本隊は十二日に駿府を出発し、十四日には引馬《ひく》《ま》（浜松）、十五日には吉田（豊橋）、十六日には岡崎、十七日には池鯉鮒《ちりゅう》（知立）に進み、十八日には沓掛城《くつかけ》（愛知県豊明市）に本陣を置いた。なにせ、『信長公記』には四万五千の勢力と記されており（『日本戦史』は二万五千）、先陣と義元本陣はかなりの距離があり長く伸びた隊列になっていた。

『信長公記』はその後の両者の動きを次のように描いている。

義元は十八日の夜に大高城に兵糧を入れ、十九日の朝には塩の干満を考え、鷲津・丸根の両砦を奪い取るよう命じた。十八日の夕方、丸根の佐久間大学、鷲津の織田玄蕃《げんば》から我が砦危うしの急報が届いた。しかし信長は、その夜の重臣との会議でも、軍議はまったくおこなわず、世間話に終始した。深夜に及び帰宅を許された家老たちは、「運の末には知恵の鏡も曇る」と

今川義元の最期（『絵本太閤記』）

はこのことだといって嘲笑して帰っていった。

予想していたように、夜明け方、佐久間・玄蕃から義元軍急襲の報告が入った。即刻、信長は、「人間五十年……」の幸若舞《こうわかまい》『敦盛《あつもり》』を舞い出陣した。従ったのは、小姓衆の岩室長門守《いわむろながとのかみ》など、主従六騎だった。熱田までの三里を一時《いっとき》に駆け抜けた。午前八時ごろ、上知我麻《かみちかま》神社の前から東を見ると、両砦は落城したらしく煙があがっていた。この時、馬上六騎、雑兵二百ばかりの勢力だった。熱田から丹下砦を経て善照寺砦に出た。そこで勢揃いをして様子をみた。

一方、義元は、四万五千を引率して、「おけはざま山」（愛知県豊明市）で休息していた。十九日の午《うま》の刻（十二時前後）、北西に向かって軍勢を整え、両砦の落城に満足し、謡曲《ようきょく》を三曲謡った。この度、家康は朱武者《あかむしゃ》で先駆けをつとめ、大高城に兵粮を入れ、鷲津・丸根を攻撃し、

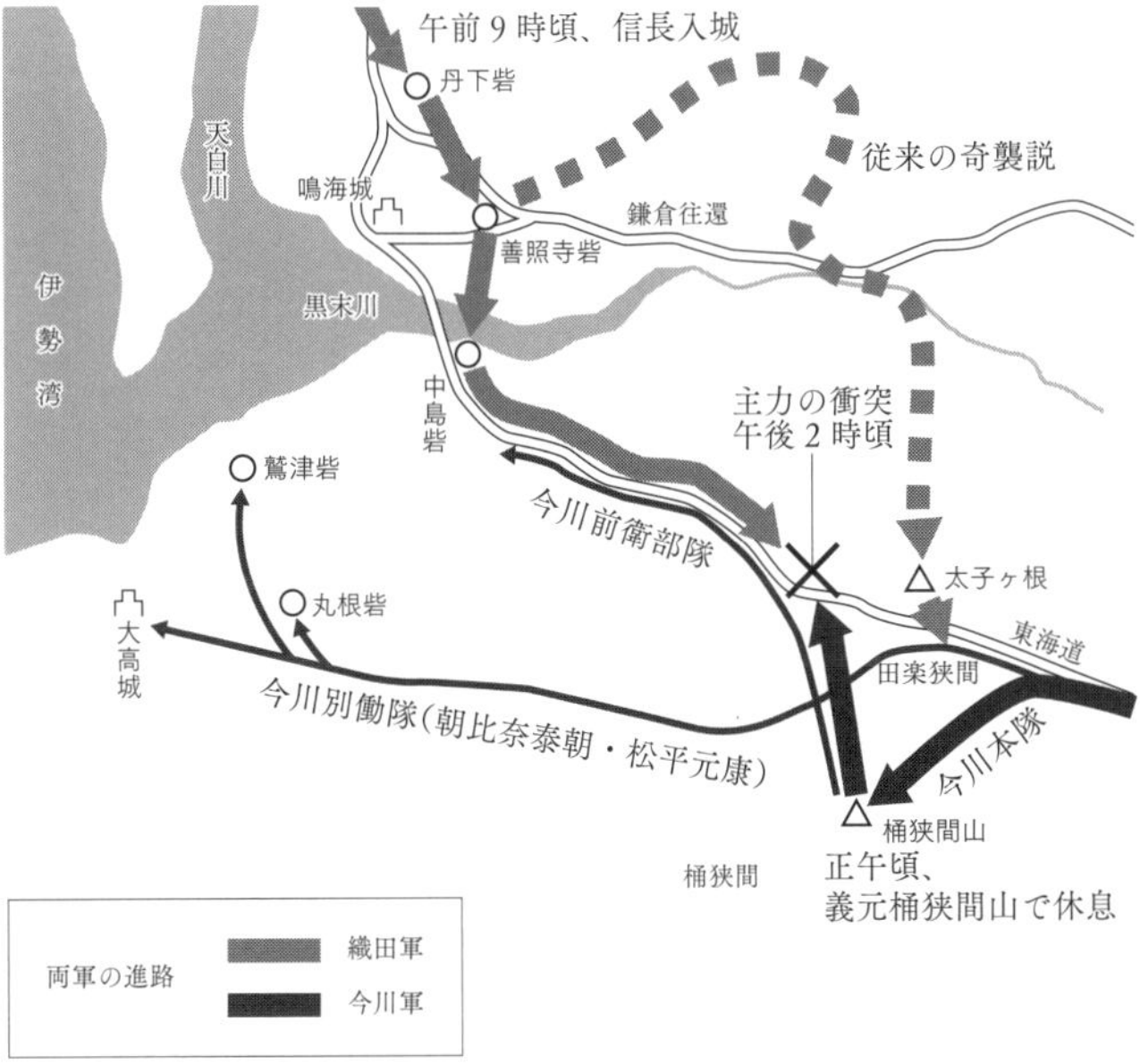

永禄3年5月19日桶狭間の戦い（谷口克広『信長の天下布武への道』吉川弘文館、40ページの図をもとに作図）

大高城に入った。

信長が善照寺に進出したのを見て、佐々《さっさ》隼人正《はやとのしょう》・千秋《せんしゅう》四郎が義元先陣に先駆けし討ち死にした。これにも義元は満悦し、またゆるゆると謡曲を謡い、そこに陣を据えていた。信長は二人の敗死を知って、中島砦に移ろうとした。

ここからは、『信長記』（現代思潮社古典文庫）でみていこう。

中島砦に移ろうとした時、林佐渡守ら重臣衆が引き止めた。しかし信長は、敵勢は今朝の働きに疲れており、先陣の勝利に油断しているに違いない。また大軍なのでわれらを小勢と侮っている。①「かく油断して居ける所を、不意に起《た》つて合戦をせば、などか勝たずといふ事なからん。寡《か》をもつて多に勝つとは、只《ただ》加様の時を得るのみなり。是れ天の与ふる所にあらずや」と、理をきわめ義を尽くして将兵を励ました。早くも前田利家が首を取ってきた。木下雅楽助《うたのすけ》らがそれに続いた。信長は、これは首途《かどで》が良い、②「敵勢の後の山に至て推廻《おしまわ》すべし。去る程ならば、山際までは旗を巻き忍び寄り、義元が本陣へかゝれ」と命令した。簗田《やなだ》出羽守《でわのかみ》が進み出て、仰せのとおりですお急ぎくださいと申し上げた。その折、黒雲がにわかに群立《むらだ》って、大雨が熱田の方から降ってきた。石氷を投げるように敵勢に降りかかった。深く霧が立って暗闇となり、味方さえも敵陣に近づくのは覚束なかったので、敵はまったく気づかなかった。③「彼が陣取りし上なる山にて、旗を張らせ、各をり立つて懸れ」と命令を下した。諸将はそれに従い、いっきに兵を進めた。森三左衛門が、④「をり立つて懸りなば、敵備を設け候べし。足をためさせては叶ふまじ。唯《ただ》馬を懸け入り懸け立て給へ」と進言すると、信長は尤《もっと》もだといって、自ら先陣を切って敵勢に駆け込んでいった。

①から④の引用文にみられる記述によって、「迂回奇襲説」が成立した。つまり、敵勢の後ろの山に回り込み、山の上から駆け下って、油断している敵陣、もちろん義元の本陣に、不意打ちをかける。しかも騎馬戦でいっきょに勝負を決するというものだ。

これは、甫庵の想像による創作であることはいうまでもない。しかし、日本陸軍の俊秀を籠絡《ろうらく》し、歴史学者をも欺《あざむ》いてきた。それはなぜか。理由はいろいろ考えられようが、結局、信長の勢力が義元の十分の一以下にすぎなかったということにつきる。戦国時代の合戦の常識からすると、このような勢力差では、平地での勝利はあり得ない。籠城戦に持ち込む以外にない。しかし信長は、重臣たちの意見を無視し、打って出た。もちろん清須城が、河川や湿地で防御されてはいたものの、平城《ひらじろ》であり、後攻《ごぜめ》（応援）の勢力も期待できないという不利な条件ではあったが、勝利のための秘策が信長の決断を促したのだ。甫庵は十倍以上の軍勢に勝利した、その奇跡ともいえる結果をもたらした戦術・戦法を考え、想像をめぐらしてこのような見方を『信長記』に採り入れたのではなかろうか。

2　「正面攻撃説」よみがえる

『信長記』の「迂回奇襲説」をみてきたが、そこで、場面を中島砦に戻し、『信長公記』（角川文庫）で、その後の合戦の経緯を追跡していくことにしよう。

信長が善照寺砦から中嶋砦に移ろうとした時、家老衆が脇は深田の一本道で、無勢の様子が敵にまる見えになると、馬の轡《くつわ》に取り付いて止めたが、それを振り切って中嶋砦に移った。この時二千に足りない勢力だった。中嶋砦からなお敵陣に向けて馬を進めようとした。ふたたび家老衆がすがりついて無理やり引き止めた。そこで信長は、敵は宵に兵糧を使い、夜もすがら進軍し、大高城に兵糧を入れ、鷲津・丸根を攻撃、疲れきっている部隊だ。しかし我が軍は新《あら》手《て》だ。そのうえ、「小軍ニシテ大敵ヲ恐ルゝコト莫《な》カレ、運ハ天ニ在リ」の名言を知らないか。駆け引き自在に働けば、敵をひねり倒し、追い崩すことは、かならずできると激励した。敵の首はうち捨てにしておけ。戦いに勝ったら、この場で戦った者は家の面目、末代までの高名を保証する。ただひたすらに励めと命令した。早くも、前田又左衛門らが首を取ってきた。その戦いのいちいちの状況を聞き、「山際迄御人数を寄せられ候の処《ところ》」、にわかに、急雨《むらさめ》が石氷を投げ打つように、敵の前面に、味方には後方から降りかかってきた。沓掛の峠の二抱え、三抱えもあるような楠の大木が降り倒されるほどであった。あまりの激しさに、熱田大明神の神軍《かみいくさ》かとさえ思われた。

空晴るるを御覧じ、信長鑓をおつ取て大音声《だいおんじょう》を上げて、すはかゝれ〳〵と仰せられ、黒煙立てゝ懸るを見て、水をまくるがごとく後ろへくはつと崩れたり。弓・鑓・鉄炮・のぼり・さし物、算を乱すに異ならず。今川義元の塗輿《ぬりごし》も捨てくづれ迯《のが》れけり。旗本は是なり。是へ懸れと御下知あり。未刻《ひつじのこく》東へ向てかゝり給ふ。初めは三百騎ばかり真丸になつて、義元を囲み退きけるが、二・三度、四・五度帰し合せ〳〵、次第々々に無《ぶ》人《にん》になりて、後には五十騎ばかりになりたるなり。

信長も下《おり》立つて、若武者共に先を争ひ、つき伏せ、つき倒ほし、いらつたる若もの共、乱れかゝつてしのぎをけづり、鍔《つば》をわり、火花をちらし火焔《かえん》をふらす。

このような白兵戦《はくへいせん》の乱戦になったが、信長軍は的確に敵を見分け、同士討ちを避けた。義元の馬廻り・小姓衆の大多数が負傷し、討ち死にした。服部小平太が義元に切りかかったが、逆に膝頭を切られ倒れ伏した。毛利新介が義元の首を取った。

義元軍は運が尽きていたのか。「おけはざまと云ふ所は、はざまくてみ（くみて）、深田足入れ、高みひきみ茂り、節所《せっしょ》と云ふ事限りな」く、深田に逃げ込んだ者は次々に首を取られた。

信長は、清須で首実検をすると宣言。義元の首を御覧になりきわめて満足し、もと来た道を通って清須に凱旋した。

義元は、五月十八日に沓掛城に本陣を据え、北西に向かって軍勢を整えた。たぶんそこで今後の作戦をめぐる会議がおこなわれたのだろう。信長が善照寺砦に着いたころ、義元は、午前十一時から午後一時ごろに、「おけはざま山」で、昼食休憩をとったと思われる。『信長記』には、「舞へや歌へやとて、酒飲みてぞ居たりける」と記されている。「おけはざま山」という山はなく、「桶狭間の山」というほどの意味で、標高六四・七メートルの無名の丘だったのではないかと推測されている（小島廣次氏）。そのような丘陵の上部に義元の本陣が設営された。それもどうやら、『伊東法師物語《いそく》』によると、すでに前日から準備がおこなわれていて、ここでの昼食休憩は予定の行動だったようだ。

信長は、中嶋砦から軍勢を進め、「山際迄御人数を寄せられ候の処」、雷雨が襲った。「山際」

とは、「桶狭間の山」の麓のことだろう。低い丘ながら上方へ攻め上るということになる。雨があがると、信長自ら先陣をきって攻め込んだ。昼食休憩中の暴風雨に混乱した今川軍は、義元の塗輿さえも捨てて総崩れになった。旗本を捕捉し、東に向かって攻撃を集中した。未《ひつじ》の刻、午後二時ごろのことだった。今川軍の兵士の多くは、「桶狭間」という山間《やまあい》の低湿地に追い込まれ壊滅した。以下、引用文、要約のように戦いは展開し、終結した。
原点の『信長公記』にかえってみると、そこには、「迂回」を示すようなことばや記述はまったくみられない。この信長の攻撃について、藤本正行氏は次のように述べている。

信長が山際まで軍勢を進めたところで、豪雨になった。それが織田軍の背中、今川軍の顔に吹きつけ、しかも楠を東に倒したというから、織田軍は東向きに進撃したことになる。雨が上がったところで戦闘を開始するが、ここに東向きに戦ったとあるから、織田軍は中嶋砦を出て東に進み、東向きに戦ったわけで、堂々たる正面攻撃ということになる(『信長の戦争』講談社学術文庫)。

藤本氏がこの見解を発表したのが、昭和五十七年(一九八二)で(「歴史読本」七月号)、それ以降、「迂回奇襲説」の呪縛から解放され、たちまち「正面攻撃説」が歴史学界の主流になった。『信長公記』を素直に読むという単純なことだったが、その史料としての信頼性の高さによって圧倒的な説得力をもった。

ところが、かならずしもこの「正面攻撃説」ですべてが解決したわけではない。たしかに信長は、中嶋砦から「山際迄」軍勢を進め、義元本陣を急襲した。ところが、この間の通過地点などは、皆目わからない。また、なぜ今川軍に気づかれなかったのか。義元の本陣や昼食休憩の場所をどのようにして察知することができたのか。もっとさかのぼれば、沓掛峠から義元はどこに向かおうとしたのか。鎌倉往還《おうかん》（街道）か東海道を進んで鳴海城を目指したのか。大高道を取って大高城に入ろうとしたのか。鳴海城からは、那古野や清須が射程には入ってくる。大高城からは伊勢湾に出ることができる。旧来の義元上洛説の検討にもかかわる問題なのだ。このように疑問は多岐にわたる。しかし、むしろこのことが桶狭間の戦いの魅力になっているともいえるのではなかろうか。

3　新説「乱取状態急襲説」現れる

先ほどみた九四ページの『信長公記』の引用文を、もう一度、見直してみよう。

雨が上がるやいなや、信長は大声で出撃を命じた。突然の攻撃に、義元軍は後ろへがばっと崩れた。算木《さんぎ》を乱したようにちりぢりになり、義元の乗る塗輿さえも捨てて逃げ出した。これが義元の旗本の目印となった。そこへ攻撃を集中した。近習衆《きんじゅう》は初めは三百騎ばかりで、義元を囲み守っていたが、信長の波状攻撃で、ついには五十騎ほどになってしまった。

信長は、中嶋砦から「桶狭間の山」の山際まで軍勢を進めた。その間、今川軍と接触したに違いない。しかしなぜ気づかれなかったのか。義元の本陣をどのようにして、すばやくとらえることができたのか。塗輿を捨てて逃げたのは、主君義元を見捨てたも同然だろう。また義元の親衛部隊が三百騎ほどで警固していたとあるが、きわめて手薄な態勢だ。しかもそれが露出している。当然のことながら二重、三重の陣形が構えられているはずなのに、なぜこのようにやすやすと突破されたのか。ここでも疑問は尽きない。

義元軍は信長など歯牙にもかけず、初戦の勝利に緊張感を欠き、昼食休憩中の思いがけない豪雨に混乱した。また、雷雨になったように、当日はひどい暑さで、休憩の指示がでるやいなや、兵士たちは競って日陰を求め散開した。そのような理由は想定されるが、『甲陽軍鑑《こうようぐんかん》』にユニークな解釈のあることを、最近、黒田日出男氏が指摘した（「桶狭間の戦いと『甲陽軍鑑』」「立正史学」一〇〇号）。

それより四年目、庚申《こうしん》のしかも七かうしんある年の五月と中に、信長廿七の御歳、人数七百計にて、義元公の人数二万計にて出給ふを、見きりをよくして、駿河勢の諸方へ乱取《らんどり》にちりたる間に、身方のやうに入まじり、義元公、三川の国の出家衆と、路次のわき、松原にて、「敵ハなきぞ」とて、酒盛してまします所へ、切てかゝりて、則、信長公のうちかつて、義元の御くびを取給ふ。此一合戦のてがらにて、日本に其名ハかくれなし。（「甲陽軍鑑大成」巻二）

この記述を踏まえて、黒田氏は、「明け方に開始された朝合戦で鷲津・丸根両砦を午前一〇時ごろに陥落させ、足軽合戦をしかけてきた佐々らを圧倒した時点で、この日の合戦は事実上、今川軍の勝利で終わっていた筈であった。そこで、戦国の合戦にふさわしく、今川軍の兵たちは思い思いに『乱取』に出かけたのである。義元の本陣も、明らかに油断をしていたのであった」と、兵士たちの「乱取」に着目し、「乱取状態急襲説」を主張した。「戦国の合戦には『乱取』はつきものであった」ともいわれているが、「乱取」、「乱妨」、「乱暴狼藉《らんぼうろうぜき》」とはいったいどのような行為なのか。藤木久志氏は、『雑兵たちの戦場』（朝日新聞社）で次のように述べている。

①乱取りは乱妨取りともいい、人の略奪のほか戦場の物取りをも意味していた。
②戦場に押しかけた兵士たちは、放っておけば、勝手に敵地の村々に放火し、百姓の家に押し入って家財を乱妨取りする。戦場での村の放火と物取りは一体であった。
③おそらく雑兵たちには、御恩も奉公も武士道もなく、たとえ懸命に戦っても、恩賞があるわけでもない。彼らを軍隊につなぎとめ、作戦に利用しようとすれば、戦いのない日に乱

取り休暇を設け、落城の後には褒美の略奪を解禁せざるをえなかったに違いない。義元が、「緩々《ゆるゆる》として謡をうたはせ陣を居られ候」（『信長公記』）戦況のなか、昼食休憩と同時に、いわば、「乱取り時間」を設け、雑兵、兵士たちに自由な行動を許したのだろう。そのために、今川軍の大部分は、広範囲に散らばり、わずか三百の馬廻り・小姓衆のみで、大将義元を守らざるを得ない状況になった。そのうえ、油断しきって、『『敵ハなきぞ』とて酒盛』をしていたというのだ。将兵や雑兵もおこぼれを頂戴しただろうし、「乱取」に精を出しているすきに、信長本隊は、「身方のやうに入まじり」、義元本陣に接近していったというのだ。しかし、「身方のやうに」云々は少々ドラマチックすぎるし、肝心の義元本陣（「桶狭間の山」）や休憩場所をどのようにして探知できたのか。ここでも疑問はまた残る。

それではなぜ、江戸時代の大ベストセラー『甲陽軍鑑』のこの説が無視されてきたのか。それはこの書が、長い間、軍学者小幡景憲《おばたかげのり》が武田信玄の家臣高坂昌信《まさのぶ》に仮託した偽書だと考えられてきたからだ。ところが、最近では、高坂昌信原著者説が証明され、『甲陽軍鑑』の史料的価値が高まり、この「乱取状態急襲説」もがぜん、注目度を増すことになった。また、『甲陽軍鑑』の架空の軍師山本勘助《かんすけ》も実在の人物であることがわかり、それに拍車をかけた。

4　信長の秘策とは

信長が桶狭間の戦いで勝利しえたのは、「迂回奇襲」作戦をとり、その成功の秘訣は「情報」にあったと考えられてきた。それは、『信長記』の作者小瀬甫庵が、自著『太閤記』で、「義元合戦之時、簗田出羽守能言《よきこと》を申上、得大利給《たいりをえ》ひしかば、則其場にて、沓懸村三千貫之地恩賜有て、義元之首を捕《とり》し毛利新介には、御褒美も出羽守よりはかろかりし也」と記したのに始まり、山鹿素行《やまがそこう》が『武家事紀《ぶけじき》』で追認したため、その後、諸書に採用されていった。では、「能言」とは何か。小和田哲男氏は、簗田出羽守を、沓掛の近くの九坪《ここのつぼ》に住む地侍、簗田政綱《まさつな》（広正）とし、「沓掛における今川義元軍の動きを観察し、その情報を信長に届けた」。信長はこの情報をもとに、「桶狭間山で昼食休憩をとっている義元に奇襲をかけるという作戦を考えついたのではなかろうか」（『織田信長』新潮文庫）と解釈している。また簗田諜報部隊の存在をも推測している（『桶狭間の戦い』学研M文庫）。

最初にみたように、簗田出羽守については、信長が「敵勢の後の山に至て（中略）義元本陣へかゝれ」と命令した時、進み出て「仰せ最も然るべく候。敵は今朝鷲津丸根を攻めて、其の陣を易《か》ふべからず。然れば此の分にて懸からせ給へば、敵の後陣は先陣なり。是は後陣へ懸かり合ふ間、必ず大将を討つ事も候はん。唯《ただ》急がせ給へ」と申し上げたと、『信長記』にあるのみだ。これが、『太閤記』のいう「能言」なのだろうか。たしかに情報によって敵方の後陣を攻撃するチャンスを指摘しているように読めるが、「御褒美」も奇襲作戦の唯一の支持者であったことによるとの見方もあり、諜報部隊長というよりも参謀長のような感じがする。また、小和田氏は、出羽守を政綱（広正）としているが、はたして同一人物なのか。そもそも「情報作戦」そのものの実態も、どうもはっきりしない。

　ところが、その「情報作戦」をメインに、当事者の体験を詳細なドキュメントとして明らかにしているのが、『武功夜話』だ。それを要約して、紹介しよう。ここのテキストは参考のため（「はじめに」を参照されたい）、『武功夜話研究と二十一巻本翻刻』を使用する。

『武功夜話』は、桶狭間の戦いの場面の冒頭から緊迫感にあふれている。蜂須賀小六（蜂小）が、三河から尾張郡《こおり》村に戻り、雷に打たれたような驚天動地のニュースを伝えた。それは、今川義元が、松平元康《もとやす》（家康）も従え、数万の軍勢で尾張に乱入するというもので、尾張は風前の灯火だとの人々の取り沙汰だった。ところが、信長は生駒屋敷《いこまやしき》で、相変わらず川狩りや踊りに興じていた。蜂小と前小（前野将〔小〕右衛門）は、生駒八右衛門を通じて、三河街道筋の状況を報告しようとしたが、眼光鋭い信長に気後れしてなかなかいい出せない。しかし、義元の西上が五月と確認されたので、「細作《さいさく》（偵察）」したことを決心して申し上げた。三河街道筋はすでに兵糧が配置されている。今川軍は三万有余の勢力で、駿府を出発すれば、三、四日で尾張境に達する。鳴海近辺の砦も防ぎようがない。上様の御用ならば一命を捧げる覚悟ですと切々と訴えたところ、さすがに信長も口をひらいた。我にも秘中の策はない。国中の勢力を糾合しても四千は越さないだろう。敵は我に十倍するという。清須城に籠城しても持ちこたえることはできない。そうかといって野に出て戦ってもまったく勝目はない。備えあって備えなきがごとく、構えあって構えなきがごとく、敵との間合いを見定めることでしか活路を開けない。先に簗田鬼九郎《おにくろう》を鳴海表、干潟道、鎌倉街道に派遣している。「治部少《じぶのしょう》（大の誤り〔義元〕）足止め候如く行（てだて）」を蜂小・前小は考えよと指示された。

義元軍は岡崎に着陣。鷲津・丸根では必死の防戦をしているが、信長は応援部隊を送らない。見殺しにするつもりか。重臣衆は会議をしているようだが、いっこうに埒《らち》が明かない。もちろん陣触れもない。二百人くらいの家来が昨晩から大手門に詰めて出陣命令を待っている。丸根からの使者が息を切らして門の中に駆け込んでいった。重臣衆が援助の勢力を送るよう進言したが、信長は取り合わない。籠城も命じられない。信長の胸中がわからず、もはや世も末だと嘆くばかりだった。詰め寄せた武者は右往左往、町屋衆は立ち退きの用意をし、女子供を引き連れ逃れ行く人々の群れで諸口は溢れた。馬は嘶《いなな》き、犬は吠え、「清須開府以来の大事」が出来《しゅったい》した。しかし、信長は宵の口から寝所に入り、軍議はいっさいおこなわない。小姓衆や女中衆にもなにもいわず、平常の時と同じ様子だった。老臣衆は、臆病風に吹かれたかと嘆息するのみだった。

柏井衆・佐々衆・蜂須賀衆・前野衆の面々三百有余人は、龍泉寺《りゅうせんじ》（名古屋市守山区）に集結した。信長の指令どおり、蜂小・前小配下の「飛人《とびと》（間者《かんじゃ》）」が国境で「細作」をつとめていた。佐々隼人佐《はやとのすけ》は信州街道に向かった。龍泉寺への中継地として猪子石《いのこし》（名古屋市名東区）、岩作《やざこ》（愛知県長久手市）の両砦に、稲田大八郎らを配置した。かつて信長は、小姓とも三騎で生駒屋敷を訪れ、佐々隼人佐・同内蔵佐・蜂須賀小六・前野小右衛門・生駒八右衛門・前野孫九郎を前にして、決死・必勝の決意を語り、貴辺ら旧誼《きゅうぎ》の者にお願いするといって、「此度ハ合戦ニ不非《あら》ズ、敵之隙《すき》ニ付入不意ニ討取事」だ、「速《すみやか》ニ国境に入込ミ細作、異変有らバ直《ただち》ニ可伝以《つたうべしもっ》て簗田鬼九郎心はせし者共、沓掛ニ罷越候、鬼九郎示合《しめしあわせ》、越度《おちど》無相様取計《あいなきようとりはかり》候え」と申し付けられたのだった。

永禄三年庚申《かのえさる》五月十二日、龍泉寺では、佐々衆・前野衆・柏井衆が、討ち入りは十九日の早朝と予想し、蜂小・前小の注進を待っていた。信長は、今川軍を襲撃する地点を、沓掛の城を出て大高に向かう谷間《たにあい》の路と定めた。大高城に入城させることは絶対に避けねばならなかった。

沓掛に出向いた蜂須賀衆・前野衆の面々は姿を変え沿道の百姓に紛れ沓掛の義元陣所に出て、戦勝祝賀の列に入った。さっそく義元が大高に向かうとの注進が、簗田鬼九郎から信長に届けられた。信長は、井戸田《いとだ》（名古屋市瑞穂区）という所まで来ていた。

尾張、三河境目の莇生《あざぶ》（愛知県三好町）、諸輪《もろわ》、傍示《ほうじ》本《もと》、祐福寺《ゆうふくじ》（いずれも愛知県東郷町）の諸村には蜂須賀党と馴染みの深い人びとがいたので、義元が大高に向かうことを察し、近在の百姓、僧侶、神主らと示し合わせ、幸先の良い出陣を祝賀するため、大量の酒・勝栗・昆布・肴などを用意し、沿道に出て、義元の輿の通過を待った。この日は暑さ厳しく、木立もなく、義元軍は長い行軍に疲れ、あえぎあえぎ坂道を登ってきた。その場に平伏して村長《むらおさ》藤左衛門が献上の品を差し出し、恐る恐る祝意を申し述べた。

　在々百姓共、御屋《や》館《かた》様之徳化ニ服し、大悦仕る次第別て奉恐入候《おそれいりたてまつりそうろう》、向後《きょうこう》某共百姓之儀、何卒《なにとぞ》御憐愍《れんびん》之程伏て奉願《ねがいたてまつる》と一同嘆願候。治部少輔輿を差止め、我是より織田上総介信長退治尾張国中平均ニ致、以《もつ》て土民百姓安堵可相及《あんどにあいおよぶべし》、惣《すべ》て改事《あらためごと》仕らん然バ向後不依何事《なにごとによらず》、違背不仕可服候《いはいつかまつらずふくすべくそうろう》と、御言葉相懸《あいかけ》候罷越《まかりこし》候

　今川軍も信長軍の善照寺砦への進出を察知していた。藤左衛門らが挨拶した所から坂下の田《でん》楽窪《がくくぼ》みは木立が多かった。ここから大高までは十五町くらいだったが、今川軍はまっすぐに道を取らず、桶狭間道に向かった。ちょうど午後一時ごろで、山道を抜け、はなはだしい暑さだったので、軍兵は疲労困憊していた。その折、平地で木々が茂っている場所がありそこで兵士たちに小休止が許された。簗田鬼九郎の配下の者が、すぐにこの成り行きを信長に報告した。
　信長が善照寺に向かったとの報告が入った。その時佐々衆・前野衆は鳴海城を攻撃していた

が、佐々隼人佐は討ち死に、前野の当主前野孫九郎（雄吉《かつよし》）はかろうじて一命を取り留めた。しかし大敗だった。彼らが善照寺にたどり着いた時、八十余の勢力になってしまった。中嶋砦の辺りは敵が充満していた。信長は大師《だいし》岳《だけ》に向かうとの注進があった。折しも、「雲行次第ニ怪敷成来り、四辺薄暗く雷鳴天地ニ鳴渡り大雨来る、鳴動不止《やまず》異様なる気象、寔《まことに》形状難致《いたしがたし》、心気転倒人馬諸共立すくミ術無《すべなく》候」状況だった。この時、狭間から勝ち鬨《どき》が鳴り渡った。どちらが勝ったのかわからなかった。しかし決戦の場に遅参して不覚をとってしまった。狭間を駈け下っていったが、働く場はもうなかった。佐々内蔵佐はじめ我ら一党は、恥入り、打ちしおれているのを、凱旋《がいせん》する信長公が御覧になって呵々《かか》大笑《たいしょう》して清須に引き揚げられていった。これが、前野・佐々衆の、「田楽狭間之取合《とりあい》」の無惨な結末だった。

『武功夜話』によって、秘中の策はないといっていた信長の「秘策」が手に取るようによくわかる。簗田鬼九郎を頭領とする情報部隊が、蜂須賀小六隊の働きによって、沓掛城から大高城へのコースを探り、山間《やまあい》の隘路《あいろ》で決戦を遂げるという信長の意図を成功に導いた。「情報作戦」の見事な勝利だった。残念ながら合戦そのものは描かれない。『武功夜話』の主人公、前野・佐々衆は合戦の場に乗り遅れてしまったのだ。そのことがかえって一族の浮沈にかかわる切実な体験であったことを如実に物語っているといえよう。

5　藤左衛門らの行動は本当なのか

沓掛で蜂須賀衆は百姓に紛れ、近在の百姓、僧侶、神主らと戦勝祝賀の列に加わった。もちろん彼らの目的は、信長の命令によって、義元の進路と昼食休憩の場所を探り、あわよくば、山間の谷間のある地点に誘導しようとすることだった。

ここで、祐福寺村の村長藤左衛門が、代表して献上品を捧げ、祝意を述べた。このやり取りは前節でみたとおりだ。その献上品は、蜂須賀衆が用意したもので、その品目が、「一、勝栗壱斗　一、昆布　五拾連　一、御酒　拾樽　一、餅　米ニて壱斗　一、粟餅　壱石　一、唐芋煮付候者　拾櫃　一、天干大根煮付　五櫃分」、このように記されている。実に細かい。これは、たぶん手控えのメモを写したものであろう。この場合のように、ある事柄や事件がとくに詳しく記されている場合がある。それが「覚書」・「聞書」や体験者の後日談によってできている『武功夜話』の特徴だ。ところが、あまりに細かすぎると、作り事ではないかと、不審を抱く人びとも出てくる。当然のことなので、リストそのものについてはここでは問わない。しかし、藤左衛門や蜂小・前小らの行動は戦国時代において実行の可能性があったのだろうか。たとえば、『松平記』（江戸時代以前成立）にも、「今朝の御合戦御勝にて目出度と鳴海桶はざまにて、昼弁当参候処へ、其辺の寺社方より酒肴進上仕り、御馬廻の面々御盃被下候時分《くだされ》」と寺や神社から酒肴の献上があったとの記事がある。他に、『甲陽軍鑑』、のちに編纂されたものだが、『織田軍記』・『武徳編年集成《ぶとくへんねんしゅうせい》』・『家忠日記増補追加』にも採り入れられている。この『松平記』を引いて、小和田氏はこの問題について、「これは、戦国時代の一般的な習慣といってもよいが、禁制《きんぜい》を発給してもらうことと関係している。つまり、僧侶ならば自分の寺が、神官ならば自分の神社が、兵馬によって荒らされてはこまるので、禁制を出してもらうよう義元に頼みこむわけであるが、そのとき、手ぶらではなく、手みやげとして酒や肴を持参したわけである。もちろん、金品を献上したりもしている」（前掲『桶狭間の戦い』）と述べている。そうすると、藤左衛門らが右の品々を献上したのは、けっして異常な行動ではないといえよう。村長である彼は、村全体の安全を願って「禁制」を求めた。それが、前節で引用した藤左衛門の祝辞であり、それに応えた義元の安堵を約束するおことばだったのだ。ただ、藤左衛門を動かした蜂須賀小六、前野小右衛門の深慮遠謀を、義元は知る由もなく、『松平記』以下の諸作品もそれに触れることはまったくない。ところが、その時の酒肴も加わってか、昼食休憩で酒宴を盛大に催したということは、『信長記』の、「舞へや歌へやとて、酒飲みてぞ居たりける」以下、多くの作品に見出すことができる。

蜂須賀衆に指示を出しながら、彼らの働きを信長に逐一報告していたのが、簗田鬼九郎だ。信長から直接、秘密の指令を受けていた。彼について、『武功夜話』は、「簗田鬼九郎、同弥次右衛門、清須之人也、武衛様之被《ひ》官人《かんにん》也、蜂小殿、前小殿知《ち》音《いん》之人ニ候也、清須彦五郎謀反候之時城中より信長様御陣所駈入《おんじんしょにかけいり》忠節仕る、元より軽少の地侍《じざむらい》ニ候也」と説明している。「簗田鬼九郎親子の者」、また「簗田鬼九郎は後年前野将右衛門御内《おんうち》に成る歴々衆なり」ともある。弥次右衛門は、本書第3章で、この文章のように清須城の分裂工作をした人物だ。親子とあり、根拠はないが、弥次右衛門が父親のように思われる。

それでは、この二人と簗田出羽守とはどのような関係なのだろうか。最新の『織田信長家臣人名辞典　第2版』(谷口克広、吉川弘文館)では、簗田出羽守、簗田広正、簗田弥次右衛門の三人が立項されている。そして結論的にいえば、出羽守と広正は親子で、広正は通称左衛門太郎、姓を賜り任官して、のちに別喜《べっき》右近大夫《うこんのたいふ》と称する。この両人と弥次右衛門は別人で、もちろん鬼九郎とも別人だ。つまり、『信長公記』と『武功夜話』にあるように、弥次右衛門は清須城落城の時、守護斯波氏の下級の家臣だったが、信長に寝返った。謀略工作にかかわったことから、その後、この簗田一族は情報活動に従事するようになったのだろう。しかも『武功夜話』の記述から、出羽守ではなく、簗田鬼九郎こそが、まさに、織田軍団の諜報部隊長だったといえるのだ。今後、どのようになるのか、おもしろい問題が出てきた。

第5章　信長の美濃攻略を再考する

1　小牧山城のあらまし

織田信長は、永禄《えいろく》三年（一五六〇）、桶狭間の戦いで今川義元を倒し、その結果、自立した松平元康（徳川家康）と翌年和睦、同五年には正式に同盟を結んで、駿河・三河の脅威から解放された。いよいよ本腰を入れて、美濃攻略に立ち向かうことになる。

その拠点として、永禄六年、清須から小牧山（愛知県小牧市）に居城を移す。小牧山は、清須の約十キロ北東、犬山から南西約十キロの標高八十六メートルの小高い山で、孤立しているので頂上からは尾張平野はもとより、稲葉山をも望める絶好の場所だった。それはまた、待望の山城を持つことにもなる。このころはすでに、斎藤道三の稲葉山城や上杉謙信の春日山《かすがやま》城のように山城の時代になっていた。「山城は、強力な軍事施設であると同時に、新しい権力としての戦国大名のシンボル」（『信長とは何か』小島道裕、講談社）だった。また新規に山城とその麓に武家屋敷と城下町を建設し、家臣と町人を集住させ、都市機能の整備とともに、兵農分離をすすめるものともなった。

麓の城下町は、『信長公記』に「ふもとまで川つゞきにて、資材・雑具《ぞうぐ》取り候に自由の地」とあるように、五条川の支流、巾下川《はばしたがわ》が北から南に流れていた。船津という村もあり、舟運の便のはなはだよい所で、おおいに賑わったといわれている。

稲葉山城進出により、四年で廃城となるので、一時的な足掛かりと思われがちだが、最近の発掘調査では、信長の築城の構想をうかがえる本格的なものだったと考えられるようになった。その後、長久手の戦いで家康の本陣として修築されるが、それゆえに、江戸時代には入山が禁じられた。昭和四十三年に江戸時代風の模擬城が建造され、現在は歴史史料館になっている。

ところが、築城の経緯やその実態・反響については、断片的にいくつかの話題が散見されるのみで、トータルな記録はまったく残っていない。その欠を補う唯一の史料が『武功夜話』だ。その記述によってそれらの要点をみていくことにしよう。

永禄癸亥《みずのとい》年（六年〔一五六三〕）の二月ごろ、突然、御城替えの命が下った。春日部郡小牧郷の孤立した小高い山、駒来《こまき》山《やま》に城を築くというのだ。さっそく造作奉行の丹羽五郎左衛門（長秀）が山に入り、大木を切り払って山頂の整備に取りかかった。重臣衆の意見はまちまちだったが、信長は頓着せず、家中が揃って引っ越すので、住居はおのおの建設するよう命じた。木材は、品野《しなの》・八曽山《はっそうやま》から木挽きの人足が続々と運びこんだ。仮の宿舎や小屋は、御《み》台地《だいち》の代官、小《お》坂《さか》孫九郎（雄吉《かつよし》）が担当した。九十余日でたちまち完成した。

この駒来山は、東西に長く、およそ二町ほど。山の高さは五十余間（約百メートル）、平野のなかに聳え立ち、六里四方を遠望できた。まことに自然の要害だ。東麓には古川が流れ、十二町先には於《お》久《く》地《ち》（小口〔愛知県大口町〕）の古城がある。

御家中衆の多くは在所に住居があるので、引っ越しは大儀だと不満もあったが、足軽や小者《こもの》は、長屋住まいなので、さしたる問題はない。とくに、内儀衆は、今度の小牧の新居は、清須の旧居より間取りも広く、屋敷内には小松や花の木の植え込みもあり、四季の移り変わりも楽しみだといっておおいに喜んだ。

町屋の商人は、「清須払い」の御触書を見て、思案顔だったが、小賢《こざか》しい者は、我先にと小牧に押し寄せ、商売を始めた。市場は賑わい、喜んだ信長は、辻々に高札《こうさつ》を立て、地子銭《じしせん》・諸役銭半済《しょやくせんはんさい》の徳政を施した。また新町・小町への移住は自由とされ、信長の威光は領国のすみずみにまで及んだ。駒来山への引っ越しは、尾張上郡開闢《かみぐんかいびゃく》以来の大事件だった。

在郷諸村の村長《むらおさ》たちは、連日登山、賀儀を申し述べ、宮笥物《みやげ》を差し出してご機嫌をうかがうために参上する者が絶えなかった。

それでは、肝心な小牧山城はどのような城だったのか。その規模と構造が、これも『武功夜話』のみに、次のように詳しく描かれている。

御山麓南、侍屋敷これあり。午《うま》の方位は御土居《おどい》をめぐらし、木戸二ケ所これあり。南北へ五十有余間、東西へ八十有余間これあり。南木戸より中道二間、横道二間、枡《ます》に仕切り十八割（区画）これあり。足軽御長屋十二棟、厩《うまや》五十間東西なり。

御城は、二層、屋上に楼《ろう》を設けて三間四方。欄干より眺望雲煙十里、尾張国中は勿論《もちろん》の事、

> 美濃、三河、遠くは勢州を一目の中なり。しからば往還《おうかん》の路次《ろじ》通行の旅人しばし足を留め、御城ながめて恐れ入り、あれぞ駿州今川治部少《じぶのしょう》（大）輔を討ち捕りたる、天下無双の御大将、織田上総介信長様の御居城成る哉《や》、さてさて熾《さか》んなる事に候よと語り合い、町屋に立ち寄る人日毎に数を増し繁昌候由に候。急造作に付き、屋根は茅葺《かやぶき》にて、遂には瓦にて葺きなされ、井の口稲葉山へ御移り相成るにより、この御城築城より両五年にて御取り毀《こわ》しと相成るなり。

『武功夜話』の史料としての性質上、この描写を鵜呑みにはできないが、小牧山城の姿がかなり鮮明に想像できる。しかも町屋の繁栄や桶狭間の戦いに勝利した信長の評判までもが記されているのはなかなか行き届いている。

最近の発掘調査の結果、城下町の推定復元図が公開されている。また、小牧市教育委員会発行のパンフレット「織田信長天下布武への道」には、「城下町は、南北一、三キロ、東西一キロの範囲で、南に惣堀《そうぼり》を構えていました。（中略）城下町東部は比較的大きな区画が配置され、有力家臣団の武家屋敷や寺院、下級武士団の住居があったことがわかってきた」、頂上から麓まで、多数の曲輪《くるわ》を配し、石垣も使用した本格的な城だったことも確認されたと書かれている。

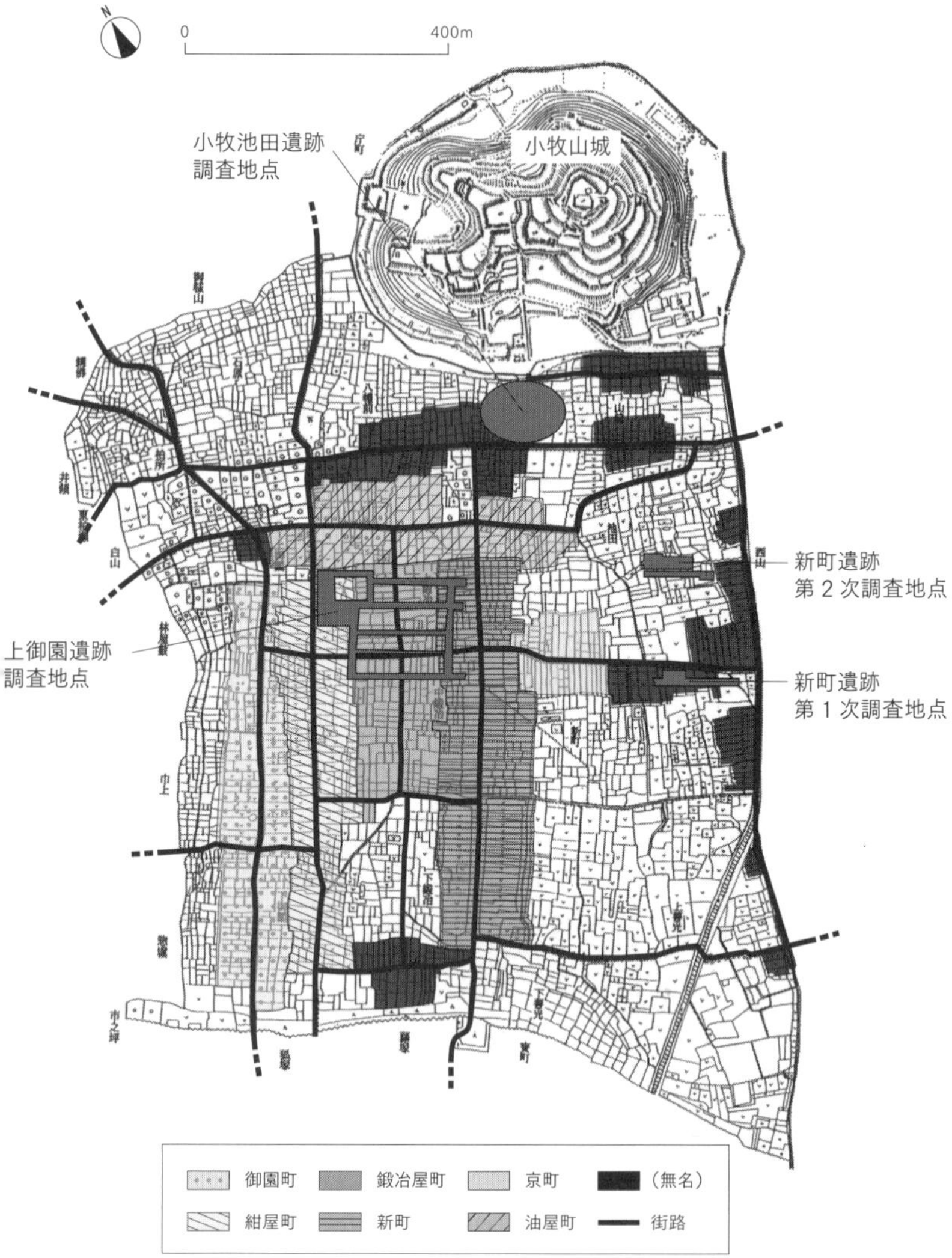

小牧城下町推定復元図　明治 17 年の地籍図に町の推定範囲を明示したもの（中嶋隆「小牧山城」／千田嘉博編著『天下人の城』風媒社、93 ページをもとに作図）

2　小牧山城をめぐる物語

ここでは、小牧山城をめぐる信長と秀吉の言動を伝える物語を、いくつかみておくことにしよう。そのなかで最も有名なのが、信長の「二の宮山」のエピソードで、それは、『信長公記』（角川文庫）に次のようにある。現代語訳で紹介しよう。

ある時、信長は御内衆《おんうちしゅう》を連れて、山中の高山二の宮山（愛知県犬山市本宮山《ほんぐうさん》）に登り、ここに城を築くので、皆々、引っ越しせよと命じ、こちらの嶺には誰々の、あちらの谷は誰々のと屋敷の土地まで指示した。その日はそのまま清須へ帰ったが、後日、また出かけて、かさねて念を押した。御内衆は、清須の居宅をここへ移すのは難儀でおおいに迷惑だと強く不満を訴えた。ところが、突然、小牧山への移城を宣告。この山へは、麓まで川が続いており、資材や雑具を運ぶのに便利だと、喜んでどっと引っ越した。これも、はじめから小牧山といえば反対にあったろうが、信長の作戦がみごとに功を奏した。小牧山から二十町ばかり隔てて於久地《おくち》城がある。築城が着々と進むのを見て、敵はそこを捨てて、犬山城に逃げ込んだ。

信長の行動を、「奇特《きどく》なる御巧《おんたく》み」といっている。しかし、単に信長の機転や策略を示すのみのフィクションではないことが、前節の『武功夜話』の要約からもわかる。この話のポイントは、小牧移城の秘策を語るとともに、反対する家臣たちを出し抜いて、居宅の移転をまんまとやり遂げたというところにある。信長は、桶狭間の戦いで勝利の原動力となった親衛隊を組織していたが、家臣の大部分は在所《ざいしょ》に領地を持つ地侍《じざむらい》層だ。清須に居宅があっても本拠地は在所で、いわば単身赴任の状態だ。そこで城下に武家屋敷を完備し、家族揃って定住させようとしたのだ。足軽・小者はすでに長屋住まいになじんでいる。つまり、この話は、信長の軍事組織の根本である兵農分離をよりいっそう推し進め徹底するための移城だったことを語っているのだ。

それでは、秀吉はどのようなかかわりをもっていたのだろうか。実は、小牧移城を信長にすすめたのが秀吉だったというのが、小瀬甫庵《おぜほあん》の『太閤記』の説だ。秀吉出世物語の発端は、有名な清須城の塀を短時間で修理したこと、薪奉行として実績をあげたことだが、それらの陰にかくれて目立たないが、次のような話がでてくる。

ある時、清須城の塀が百間ばかり崩れた。大名・小名に修理が命じられたが、二十日たっても完成しない。秀吉は、周囲の大名が虎視眈々《こしたんたん》と尾張を狙っている折から、危険きわまりないと普請奉行に抗議した。たまたま信長がそれを耳にし、それではお前が奉行をつとめ、やってみるがよいといわれた。彼はさっそく、宿老衆《しゅくろう》に協力方を申し入れ、彼らの一任を取り付けた。それでは、「割普請《わりぶしん》」を採用しようと、百間を十組に割り当てたところ、翌日には完成した。信長はおおいに喜び、即座に褒賞として禄高の加増がなされた。これが、将来の出世につながるきっかけであったとのちに思いあたる出来事だった。

そこで、秀吉は翌年の夏、「清洲之城は水多して水乏し、願《ねがわく》は小牧山御城に宜《よろ》しかりなん」と、小牧山への移城を献言した。信長も内々考えるところではあったが、庶民の痛みを配慮して実現できないでいた。「さし出者（でしゃばり者）」だと、なにやかやと秀吉をなじったが、その提案を取り上げた。

秀吉の登場を史料（「坪内文書」）によって確認できるのは、永禄八年（一五六五）からだから、この話は伝説に属する部分だ。かならずしも信用できるものではないが、状況設定や家老衆への根回しと合理的な「割普請」、信長とのやり取り、「さし出者」秀吉の描写など、なるほどと納得させるものがあるのも事実だ。たとえば、小牧山移城の理由、つまり清須城の弱点の指摘も、清須城から名古屋への移転にあたっても、五条川の氾濫が多く、井戸水の便も悪く、土地が低湿であったことがあげられている（『新修名古屋市史』第三巻）。秀吉の提案がけっして現実ばなれしているわけではない。

また、『祖父物語』（慶長年間）には、清須から小牧越しの時、「清須へマイリタヤ（マイラズバ）成敗ト号シテ。小牧へ越サヌ者ハ家ヲ焼ト」、督促したのが、移転奉行の秀吉だったとの記述がある。これもこの記事の直前にあるおねとの挙式の場面がもてはやされて影が薄いが、捨ててしまうには惜しい。塀の修理から移城の献言、そして移転奉行へと話の筋は通っている。

小牧移城での働きが、秀吉の出世の糸口になったとみるのもあながち無理な推測とはいえまい。ちなみに、『武功夜話』では、於久地城の開城後、足軽鉄炮隊百人組頭に取り立てられ、一人前の武将として世に出ることになったとある。しかし、何事につけても、蜂須賀小六、前野将右衛門らに頼らねばならない現実だったともいっている。

もう一つおもしろい話が、『尾張名所図会』（天保《てんぽう》十二年〔一八四二〕刊）にみえる。

信長は、小牧山城の新築祝いに、京都から評判の高い連歌師《れんがし》紹巴《じょうは》を招いて、連歌の会を催した。この度の連歌師への褒美として、信長から二百貫文《かんもん》、家中の衆から百貫文もの提供があった。信長は紹巴に、新築の祝儀に発句《ほっく》（連歌の最初の句）を詠むよう依頼した。そこで彼は、「朝戸あけ麓は柳桜かな」と詠んだ。それを聞いた信長は、紹巴は有名なわりには発句は下手だ。新城の祝いにわざわざ遠路を招待したのに、ことばもあろうことか、「あける」とは不吉だといって顔色を変えて怒った。紹巴は面目を失い、その夜、逃げ出してしまった。ところが、紹巴の『富士見道記《ふじみみちのき》』には、清須から小牧に入ったとはあるが、連歌のことは少しも書きとどめてはいない。どうやら、京へ帰るふりをして、富士山を見物するため東国へ下ったようだ。杉幽林《ゆうりん》という俳諧師《はいかいし》が、「あけ」の字は、「城をあける」を意味するので、「朝ぼらけ」などとすべきだったと、信長の怒りを解釈してみせたということだ。

このやり取りからすると信長自身が連歌をたしなんだとは思われないが、新築祝いのセレモニーとして連歌の会を主催したのだ。紹巴が、愛宕《あたご》神社で、「ときはいま天が下しる五月かな」と詠んだ明智光秀と同席していたことや、信長の父信秀が連歌を悪用して、那古野城を奪い取ったのもよく知られている。小牧山城の新築行事とともに、戦国武将の連歌愛好の風潮を示す逸話だ。信長は、幸若舞《こうわかまい》と小歌《こうた》（流行歌）を好んだと『信長公記』にあるが、『武功夜話』には踊りに熱狂する様子が描かれている。どうも信長は、行動派で文芸的趣味にはうとかったようだ。

3　小牧山城の御台様御殿

信長の正室は斎藤道三の娘濃姫で、尾張国と美濃国の同盟を確かなものにするための政略結婚だった。しかし、道三は彼女が輿入《こしい》れして間もなく息子義竜との戦いで敗死する（弘治《こうじ》二年〔一五五六〕）。しかも、義竜も永禄四年（一五六一）に病死。美濃との戦いが本格化する小牧山城築城のころは、孫竜興《たつおき》の代になっていた。道三の敗北で同盟関係が破れ、戦国時代の常識からすると、彼女は美濃に戻ったのだろうか。親道三を討った義竜、彼の血を継ぐ竜興のところには帰れず、信長やその息子信雄の庇護《ひご》を受け、尾張にとどまっていたのかもしれない。本能寺の変の時、安土《あづち》殿と呼ばれ安土城にいたという説もあるが、彼女の消息はもとより、信長との結婚生活そのものも皆目わからない。一方、側室生駒《いこま》氏吉乃《きつの》は、奇妙《きみょう》（信忠）、茶筅《ちゃせん》（信雄）、五徳《とく》（徳姫、家康の嫡男信康室）の三人の子をなしたが、『織田信長総合事典』でもそのことを記すのみで、やはりその素性には触れられていない。吉乃について、本書第1章、第2章でみてきたように、『武功夜話』で初めて、その一端が明らかになった。

　彼女の記事のなかで出色の出来栄えなのが、小牧移城の際、信長が吉乃に示した愛情の物語だろう。ほとんど逐語的な現代語訳でその感動を伝えたいと思う。

　信長からこの度、御台《みだい》様御殿が落成したゆえ、久庵《きゅうあん》様（吉乃の法名）に小牧へ転居するよう指示があった。久庵様をはじめお付きの者も喜びに感激の涙を流した。彼女の世話をしていた前野家の伯母にあたる須古女《すこじょ》は、この日の来るのを待ちわびていたので、吉報に足も地につかぬ有様だった。ところが久庵様は、三番目の姫御の誕生後、産後の肥立ちが悪く、とくに近ごろは顔色がすぐれず終日病床に伏し、三度の食事もままならない容体だった。

　兄の八右衛門も心痛のあまり、須古女に相談したところ、小牧までは二十余町の道のりだが、この衰弱状態では徒歩で行くことはできない。馬に乗っても差し障りがあっては申しわけが立たない。悩んでいるうちに四、五日が過ぎてしまった。思案していても仕方がないので、ついに決心して小牧山城に参上。信長様に拝謁のうえ、久庵様の病状をつぶさに申し上げた。殿様のご慈愛を深謝するとともに、返事が遅れたことを謝罪して、早々に御前を辞去した。

ところが、翌日、信長様が近習《きんじゅう》の者五、六騎のみで、先触れもなく突然、生駒屋敷に来られた。八右衛門をはじめ周章狼狽してことばを失っていると、信長様は、直接、久庵様の奥の居間にお入りになり、病を気遣われた。まことにかたじけないことで、久庵様は、「殿様は、しばしの休息もなく、新城の築城のかたわら所々の戦いに明け暮れておられると聞いております。私のためにとくに時間をさいてお見舞い下さったのはありがたい限りです。このような病体でなんのお役にも立てません。まことに無念です。ただただありがたい」と、口ごもるばかりで涙が止まらなかった。

信長様は、吉乃様をいたわりなされ、「忙中粗縁宥《ぼうちゅうそえんゆる》したもれ兼て念願の御台の新居落成候上は、新居においてゆるりと養生なされよ」と、心情こもるおことばをかけられた。吉乃様は、信長様の御手をさし上げ、気力をふりしぼってお礼を申し上げた。信長様は、あまりに不憫《ふびん》で、八右衛門を呼び寄せ、明日、輿《こし》を遣わすので、よくよく心を配って小牧に移すようにと命じ、帰館された。

久庵様はその輿で、小牧へ向かわれた。途中三ツ渕村の中山左伝二《さでんじ》宅で休息、気丈にも差し障りはなかった。午後四時ごろ小牧山御殿に到着した。市橋長利《ながとし》など重臣が小木縄手《こぎなわて》まで出迎え、新築御殿に案内した。宵の口より小雨が降ったが無事に入城された。

明けて十八日、信長様は、さっそくお渡りになり、足弱の久庵様の手を取り、御書院で歴々衆への拝謁の儀を執り行った。夢ではないだろうか、このような立派な御殿が私の住まいになるとは。思いめぐらすと十余年の歳月、悲喜こもごも、すでに大年増の我が身を恥じるばかりだった。

御嫡子奇妙様、御次男茶筅様はすでに先着。姫御様は須古女が懐中に抱き、お連れした。信長様は、しばしばお見舞いになり、医師を付け高価な薬湯を与えられた。あまりに優しく情け深いご配慮に、年増女の恥じらい顔がほんのり紅に染まるほどだった。思えば、郡《こおり》村の生駒屋敷で過ごした歳月は、信長様は戦いの明け暮れで、心安まる日とてなかった。それに引きかえ、四季の移り変わりをしみじみと感じられる平穏な日々を過ごすことになった。その幸せに流す涙で褥《しとね》を濡らした。

何らのコメントも必要あるまい。正室や側室とのかかわりについてはよくわからないが、一般的に性急・短気・冷徹・厳格などと評される信長のイメージを一変させるものだ。ただ一点、小牧山城内の吉乃の新居を、「御台様御殿」といっていることに注目しておきたい。「御台」は「御台所《みだいどころ》」の略で、大臣・大将・将軍などの妻の敬称だ。つまり、吉乃は小牧山城に正室として迎えられたのだ。しかも、「御書院にて御歴々衆拝謁の儀」がおこなわれたともあり、正室として家中に披露された。後継者嫡男の生母として十分にその資格をそなえていたが、なんといっても、信長の寵愛の賜物だ。近年、複数の正室もありうるとの説もあるが、たぶん濃姫は小牧山城にはいなかったのだろう。吉乃は小牧殿となった。

永禄九年（一五六六）早々、小坂（前野）孫九郎に、思いがけない容体悪化の知らせが届いた。

転居から半年のころお目にかかったが、それ以来の無沙汰を恥じ、すぐにお見舞いに参上した。ところが、お姿を拝見して愕然《がくぜん》とした。顔はやつれ衰弱が甚だしい。須古殿に容体をたずねると、このごろは食もすすまず、歩行も困難だ。ご養生のかいもなく、血の気も失せ、このままでは命も覚束ない深刻な状態だと、不安を隠しきれない様子だった。そこで、孫九郎は、このような病には、泥鰌《どじょう》を煎じて差し上げるのが古来の妙薬だと、在所に戻り、春日井原の溝川の泥鰌を樽にいっぱい須古殿に届けた。しかし、その後、薬石の効もなく、秋風の立ちそむるころ御逝去された。時に、小牧山は落葉の季節で、病葉《わくらば》が西風に鳴って、さびしさが身にしみた。わずか三年間だったが、病床にありながらも小牧殿として幸福な日々を送った。

永禄寅《とら》年（九年）九月十三日死去。諡《おくりな》は久庵桂昌大禅定尼《けいしょうだいぜんじょうに》。俗名吉乃、生駒蔵人《くらんど》の女で享年三十九歳。尾州丹羽郡郡《こおり》村の久昌禅寺《きゅうしょうぜんじ》に葬られた。

吉乃荼毘地の観音像

吉乃が荼毘《だび》に付された所（田代墓地）の墓碑の観音像は小牧山をまっすぐ見つめている。信長も小牧山城の高楼から西方を望み、涙を流し、吉乃を慕い続けたとも伝えられている。

最後に吉乃の享年について一言しておこ

う。ここには、三十九歳とあるが、『武功夜話』の「千代女書留」・『別本』（「はじめに」参照）では、二十九歳となっている。そうすると、天文《てんぶん》七年（一五三八）の誕生。天文二十三年（一五五四）または翌弘治《こうじ》元年（一五五五）に前夫土田弥平治《どたやへいじ》が討ち死にする。その時、十七、八歳であり、弘治三年の嫡男信忠誕生は二十歳のことになる。生年を十年繰り上げてみると、当然、二十九歳説の方が妥当性は高いと考えられる。三十九歳は誤記だろう。地元愛知県江南《こうなん》市の郷土史家の大勢も二十九歳説のようだ。

4　秀吉の「調略」成るか

美濃の斎藤義竜が永禄四年（一五六一）五月十一日に病死すると、信長の美濃侵攻が本格的に開始される。それも間髪《かんはつ》を容れず、同月十三日には森部《もりべ》（岐阜県大垣市）に、二十五日には軽海《かるみ》（岐阜県本巣市）に出撃している。これは、父信秀の作戦を受け継ぎ西美濃に攻撃を加えたもので、木曾川・長良川を越え、敵の領地で戦うことになる。そのためには、どうしても、信長軍の橋頭堡《きょうとうほ》を築かなければならない。それが、洲《す》（墨）俣《また》砦だ。結局はその争奪戦になり、鼬《いたち》ごっこになってしまう。軽海の夜戦《よいくさ》のあと、墨俣砦を維持するのは、あまりにもエネルギーを消耗しすぎる。しかも西美濃三人衆（稲葉・氏家・安藤）という強敵が厳然と立ちはだかっている。それゆえ、信長はそれをいったん放棄する。

そこで、信長は作戦を変更する。まず小牧山城に本拠をおき、従兄弟織田信清《のぶきよ》の犬山城を牽制しつつ、稲葉山の東側からの攻撃に転換した。その状況と戦いを、『信長公記』は次のように記す。

一、飛弾（騨）川（木曾川）を打越し、美濃国へ御乱入。御敵城宇留摩《うるま》（鵜沼）の城主大沢次郎左衛門、ならび猿はみ（啄）の城主多治見とて、両城は飛弾川へ付いて、犬山の川向に押並て持続これあり。十町・十五町隔て、伊木山《いぎやま》とて高山あり。此山へ取上り、御要害丈夫にこしらへ、両城を見下し信長御居陣候なり。うるまの城ちかぐ〳〵と御在陣候間、越訴《おっそ》ども抱へ難く存知、渡し進上候なり。

一、猿はみの城、飛弾川へ付いて高山なり。大ぼて山とて猿はみの上にはえ茂りたる崱《かさ》（高所）あり。或時大ぼて山へ、丹羽五郎左衛門先懸にて攻めのほり、御人数を上させられ、水の手を御取り候て、上下より攻められ、即時につまり降参、退散なり。

猿啄城（岐阜県坂祝町）は、丹羽五郎左衛門長秀が、継尾《つぎお》山寂光院《さんじゃっこういん》の坊主の道案内で、栗巣《くりす》の渡しを越え、飛騨川の激流を眼下に見て恐怖におののきながら難儀の末、水の手から攻め込んで開城に追い込んだ（『武功夜話』・「織田信長文書」）。それ以前、猿啄・堂洞《どうぼら》城（岐阜県美濃加茂市）

の北のなお山奥の加治田城《かじた》（岐阜県富加町）も丹羽長秀の仲介で、すでに信長に通じていた。信長が登り、鵜沼《うぬま》（岐阜県各務原市）・猿啄両城を見下ろした伊木山（同）は、秀吉が一面識もなかった伊木清兵衛を、蜂須賀小六・前野将右衛門の力添えで調略《ちょうりゃく》（戦わずして降伏させる）したものだ。

伊木山城は、清兵衛と昵懇《じっこん》の蜂須賀・前野の力に負うものだったが、鵜沼城の大沢次郎左衛門正秀に対する調略は、秀吉のトレードマークになる「調略作戦」の命がけのデビュー戦となった。

『信長公記』は引用文のように、なにも記さないが、『太閤記』と『武功夜話』には、それぞれ詳細に描かれている。

秀吉は、大沢の調略が成功したと、十二月十五日、信長に報告した。信長の機嫌がよかった。そこで、年賀の折に大沢を同道した。儀式を終えてその夜、信長は秀吉を呼び、「大沢は有名な剛の者だ。変心するやも知れない。ここで殺害せよ」と命じた。秀吉は、「敵地で剛の者を味方にしたのは、大沢が初めてです。むやみに殺しては、今後、計略（調略）で敵城を味方にすることはできません。どうぞご許容ください」と、再三、申し上げた。しかし信長は許さなかった。そこで、宿に帰り、そのことを話し、丸腰で、「このうえは自分を人質に取って脱出しなさい」というと、大沢は剛の者だが、道を知らぬ者だったので、そのまま承知し、普通の人質のように脇指を秀吉の胸に押しあてて退出した。これが『太閤記』の事の次第のすべてだ。

『太閤記』は、大沢調略のいきさつを語るなかで、彼が武士の道を知らぬことを強調しているのだが、『武功夜話』は事件そのものを、以下のようにリアルに描いている。

犬山が落城、猿啄も織田の手に落ちたので、鵜沼の大沢は昵懇の松倉の坪内を通じて、倅主水《せがれもんど》が、「越訴《おっそ》」の状を差し出し、父親の助命を条件に開城を申し入れてきた。秀吉はすぐに了承し、坪内惣兵衛《そうべえ》（為定《ためさだ》）以下、屈強の川並《かわなみ》衆六十余人を従え、鵜沼城に乗り込んだ。そこですぐに、坪内喜太郎《きたろう》（利定《としさだ》）を信長の陣所に遣わし、大沢親子の助命を願いでた。ところが案に相違して、信長は、ひどく激怒し、すぐに首を差し出せと喜太郎を追い返した。これでは敵城にいる秀吉の命は危うい。思案のあげく生駒八右衛門に相談した。八右衛門は重臣衆に諮《はか》り、彼らから諫言《かんげん》してもらった。信長も、いったんは激昂《げきこう》したが、大沢の罪を許し、一命を助けるとの返答がなされた。この間、喜太郎は、事の成り行きを案じ、鵜沼城中の秀吉の安否を気遣い、気もそぞろ足も地につかない有様だった。八右衛門から信長の命令を聞くやいなや、韋駄天《いだてん》走りに城を駆け下り、小舟に飛び乗り、鵜沼城に戻って、信長の取り計らいを報告した。このようにして、秀吉は危機一髪、命を拾い、難敵大沢の調略に成功したのだ。これ以降、生涯にわたって、「人誑《たら》し秀吉」といわれるように、この「調略作戦」が、彼の戦略の基本になっていくのだ。

『太閤記』にも、「敵味方扱《あつかい》（調略）などに、其比周《そのころあまね》く人の好みしは、丹羽五郎左衛門尉長秀、木下藤吉郎秀吉とのみ云しなり。是信厚《これしんあつき》が故也」とある。丹羽は武功の将になっていくが、秀吉は、調略の道を歩みつづける。

最後に一つのエピソードを紹介しよう。二度目に伊木山に登った信長は、この地の名物山の芋をたいそう喜んで食した。勇将伊木清兵衛を味方につけ機嫌がよかった。ところがこの間、最も尽力した蜂須賀小六、前野将右衛門両人には目もくれなかった。お互いに気まずく打ち解けない。信長は二人がなかなか臣従しないことに、二人は信長が桶狭間の合戦以後の働きを評価してくれないことにわだかまりをもっていた。なんといっても、二人は信長その人と肌が合わなかった。その二人の面前で、「これ等両人の者、山中を駈け廻り芋堀に精出し、芋堀り侍とは是《こ》の者共の事に候なり」と手振りおもしろく剽ケ踊《ひょうげおど》りをなされ、その場が盛りあがった。憂きことばかりの戦場で、幸先のよい勝利だと喜びにあふれた。蜂須賀、前野の両人も不本意ながらやっと面目を施した次第だった。

この逸話は、単に二人だけの問題ではない。木曾川をわが庭とする川並衆が、二人を先頭に秀吉のもとで働き始め、ついに信長の支配を受ける側に立ったことを意味しているのだ。

5　信長軍、敗走する

永禄六年（一五六三）の小牧山築城から同十年の稲葉山城落城まで、『信長公記』はずいぶんと駆け足で、書きぶりも粗っぽい。犬山とその支城の小口《おぐち》・黒田城の開城。加治田、伊木山、鵜沼、猿啄の諸城は、木曾川沿いにそそり立ち、峨々《がが》たる山容の続く山奥にあり、さすがの信長軍も手をこまねくばかりだった。そのため「調略作戦」に頼らざるを得なかった。しかもその主役は駆け出しの木下藤吉郎で、実働部隊は坪内・蜂須賀・前野らの川並衆だったため、『信長公記』の作者には書きようがなかったのだろう。

その中で、唯一、かなりのスペースをさいて詳しく記されているのが堂洞の戦いだ。九月二十八日（『武功夜話』では永禄八年〔一五六五〕八月二十八日）、信長が出馬し、堂洞城を取り巻いた。信長は自ら敵陣を視察し、その日は風が強かったので、続松（たいまつ）を四方から投げ込むよう命じた。美濃の長井隼人《はやと》が後巻《うしろまき》（応援部隊）として堂洞砦の二十五町山下に備えていたが、足軽の攻撃さえもかけてこなかった。信長はそれに応じて軍勢を配置し、先の命令どおり、続松を投げ入れ、二の丸を焼き崩した。城方は天主構《てんしゅがまえ》（本丸の上に築いた物見櫓《ものみやぐら》）に逃げこんだ。

太田又助が二の丸の入口の高い家の上から矢を射込み、むだ矢もなく敵勢を射ち倒した。信長はそれをご覧になっていて、胸がすかっとするほど見事だと三度も使者を遣わし、褒めたたえ、御知行を下された。

午刻《うまのこく》（十二時ごろ）から酉刻《とりのこく》（午後五時ごろ）まで攻め続け、薄暮に及んで、河尻与兵衛、つづいて丹羽長秀が、天主構えに乗り込んだ。城主岸勘解由左衛門《かげゆざえもん》、多治見一党が激しく抵抗し、しばし混戦となり、敵、味方の見分けがつかないほどになったが、大将身分の者をみな討ち果たした。

翌二十九日、山下の町で首実検をおこない、帰陣の時、関口より長井隼人、井口《いのくち》より斎藤竜興が三千の勢力で追撃してきた。

信長御人数は纔《わず》かに七・八百に過ぐべからず。手負・死人数多《あまた》これあり。退《の》かれ候所はひろ野なり。先《まず》御人数立てられ候て、手負の者、雑人《ぞうにん》共を引退けられ、足軽を出すやうに何《いづ》れも馬をのりまはし、かるぐ\と引取てのかせられ候。御敵ほいなき仕合と申したるの由候。

堂洞攻めでは、「調略作戦」はきかず、かなり強引な焼き討ちがおこなわれたが、なお城方の抵抗が激しく、白兵戦の混戦状態になった。美濃の応援部隊も動かず、なんとか勝利に持ち込んだ。ところが翌日、退陣しようと「ひろ野」に出た時、三千の美濃勢に追撃された。信長軍は七、八百の勢力だったので、多数の死傷者を出したが、足軽を動かすように自在に馬を乗り回し無事退却した。敵は、「本意無き仕合せ」と、つまり、思っていたようにうまくいかず残念だ、といったということだ。

多数の死傷者を出しながら、無事に退陣したというのは、なんとなくすっきりしない書き方だ。『信長公記』は素っ気ないが、『武功夜話』はきわめて深刻な状況だったと、以下のように詳しく描いている。

陶山《すえやま》を越え、だらだらと坂を下り、鏡野《かがみの》（岐阜県各務原市）という広大な「広野」へ出た時、先手衆が不意に突然混乱した。美濃の日根野備中《ひねのびっちゅう》の勢力が退路を塞いで、攻めかかってきたのだ。信長軍は、長井に備えるため、五百ばかりの兵を残してきたので、旗本・近習衆六百ほどの少人数での帰陣だった。ここから芋ケ瀬《うがせ》まで十有余町、前方は広野で敵を防ぐ障害物がない。敵勢は、「信長様近々まで寄せ来た」が、馬廻《うままわり》衆の前田利家・猪子兵助らと黒母衣《くろほろ》衆が一団となって信長を守り、追いすがる美濃勢を切り払い、付き伏せて一途《いちず》に芋ケ瀬道を駆け下った。殿《しんがり》（最後尾で敵を防ぐ部隊）は佐々成政が引き受け、そのなかに孫九郎をはじめ前野衆もいた。潮が湧き出すように日根野の軍勢が追いすがってきた。我らは、「東方への退戦《のきいくさ》、高名も手柄も外聞も無く」ひたすら逃れた。美濃勢はついに追い切れず、後方から盛んに悪口雑言を投げかけてきた。信長はどうにか小牧山城に無事、帰城した。

この美濃鏡野での信長敗走のあらましは、祖父（参戦していた小坂〔前野〕雄吉《かつよし》）が、「南窓庵《なんそうあん》記《き》」（前野家の家伝記）に書き残したものによるとある。『信長公記』は、信長の敗北をほのめかしているものの、かなり危なかったが、「かるぐと引取」ったと話のつじつまを合わせているようだ。『武功夜話』の方が、筋道だった記述の仕方や、話の出所が退陣の危機のまっただ中にいた人物の覚え書きによっていることからかなり信憑性が高いと考えられる。『信長公記』

が信長の敗戦を描かないという見方もこの場面ではうなずける気がする。

太田又助が、この堂洞の戦いで手柄を立て、自らの働きをやや自慢げに描いているのはおもしろい。いうまでもなく又助は、『信長公記』の筆者太田牛一だ。『信長公記』には、各巻の筆者名以外、「首巻」のみに三回出てくる。清須城攻めの「あしがる衆」、「六人衆」が定められ、「弓三張」の一人として、そしてこの箇所だ。晴れがましい活躍を書きこんだのはここだけだが、若き日の信長の側近にいてその護衛の任にあたっていたようだ。

その後、西美濃三人衆が、信長方に内通してきたことをきっかけに、一気に瑞竜寺山《ずいりゅうじさん》に駆け上り、町屋に火をかけ裸城にし、ついに稲葉山城は陥落した。竜興は河内《かわうち》長嶋に退去した。翌年、井口を岐阜に改めた。

『信長公記』は、例によって、年次を記さない。角川文庫の校注者は、西美濃三人衆の内応を、永禄十年（一五六七）八月朔日、稲葉山城の開城を、同年八月十五日に比定《ひてい》している。ところがこれは、稲葉山城の落城が永禄十年と認定された現代の説に依拠している。『信長公記』の記事の配列や他の史料により推定したもので、唯一、年次を明記するのが、『瑞竜寺紫衣輪番《ずいりゅうじしえりんばん》世代帳《せだいちょう》』で、「永禄丁卯《ひのとう》（十年）九月織田上総乱入」（『岐阜県史』）とあるのみだ。江戸時代には、軍記、家譜、地誌類のすべての資料が永禄七年説を採っている。たとえば、『信長記』・『織田軍記』、竹中半兵衛重治《しげはる》の息子重門《しげかど》の『豊鑑《とよかがみ》』、『美濃国諸旧記』、『美濃明細記』等々、枚挙にいとまがない。ところが、『武功夜話』は、堂洞の戦いを同九年八月、墨俣城の築城の時（九年九月）、すでに西美濃三人衆が信長に通じていたとしており、永禄卯《う》年、『別本』では「永禄卯歳八月日」に、城下の町屋を焼亡し、即時に稲葉山城を攻め落としたとはっきり記している。十年の八月か九月かでなお問題は残るが、一級史料ではないが信頼できる『瑞龍寺紫衣輪番世代帳』と『武功夜話』が一致するのは、事件に対するそれぞれの体験にもとづくもので、偶然とは考えられない。

第6章　「幻の墨俣一夜城」説は覆るか

1 墨俣一夜城とは何か

豊臣秀吉（木下藤吉郎）の出世物語で、いの一番にあげられるのが墨俣《すのまた》一夜城だろう。木曾川（尾張川）と長良川（洲俣川）を越え、敵地に文字どおり「一夜」で城を築いたという話だ。この逸話を有名にしたのも、『絵本太閤記』（享和二年〔一八〇二〕）だ。

兎角《とかく》合戦を挑む内、石垣諸材 悉《ことごと》く調ひければ、夜の内に竹木を運び、合紋《あいもん》を以て貫柱《ぬきばしら》を組合せ、楔鎹《くさびかすがい》にてしめ堅め、塀がかりには板を打て、白紙を以て是を張り、画工に命じ、矢狭間《やはざま》、鉄炮穴を画しめ、一夜の内に城の普請全く成就したりければ、兵を備へ、塀の内に数多《あまた》の旗指物《さしもの》を立並べ、敵の寄するを待かけたり。

翌朝美濃勢が大軍で押し寄せ、遙かに墨俣を見ると、不思議なことに、「一夜の内」に、霧もないのに虹のごとく、雨がないのに龍のごとく一帯の長城が忽然と湧き出して、旗を立て、兵器をならべ、数千の精兵が厳重に守っていた。城門の外には柵を張り巡らし、逆茂木《さかもぎ》を構え、屈強の兵三千ばかりが矢尻を揃え、鉄砲の筒先を並べ、敵が攻め寄せれば逆襲する勢いで控え

墨俣築城(『絵本太閤記』)

ていた。

美濃勢は、大いに肝を冷やし、茫然として夢を見ているようだった。これはきっと天狗、鬼神の仕業に違いない。粗忽《そこつ》に攻め寄せては危険だ。軍勢を進める気配もなく、作戦を練りなおし再度の戦いを期すべきだと引き退いた。

この「一夜城」には、前段の話がいくつかある。まず信長が重臣柴田勝家・佐久間信盛に築城を命じたが失敗に終わる。そこで、そのころは諸将の数にも入らなかった木下藤吉郎が末座から進み出て、自ら願い許された(『織田軍記』よる)。藤吉郎は、かねてからこの日のために準備を怠らなかった。それは、蜂須賀、稲田、加治田、日比野、青山等の勇士と日ごろから昵懇《じっこん》にしていたことで、彼らの力を借り、人海戦術とプレハブ工法で築城を即座に成し遂げた。

信長は、その戦功を賞し、藤吉郎を城主に、蜂須賀ら勇士をその旗本にすることを許した。『織田軍記』によると、城主になった彼は、篠木・柏井・秦川《はたかわ》・小幡《おばた》・守山・根上《ねのかみ》等の「盗人共の勇ある者」を選び家来にした。また、そのなかから組頭を定めた。その面々は、蜂須賀小六郎・同又十郎・稲田大炊介《おおいのすけ》・青山新七・同小助・河口久助・長江半之丞《はんのじょう》・加地田隼人・日比野六太夫・松原内匠《たくみ》などだった。

「一夜」はもちろん、城の偽装も、『絵本太閤記』の創作だが、人海戦術とプレハブ工法、そして実働部隊、家臣となり組頭となった無名の人物たちには拠り所があるのだろうか。

実はそれが、小瀬甫庵《おぜほあん》の『太閤記』にあった。

ある時、信長が、美濃国に打ち越え、川向かい（長良川の西岸）に要害を築き、美濃攻略の足掛かりにしたい。だれか引き受ける者はないかと尋ねたが、重臣たちは二の足を踏んでいた。そこで藤吉郎に相談した。彼ははばかるところなく自説を申し上げた。当国には、「夜討、強盗を営みとせし」者たちは――『織田軍記』の篠木以下の地名をそのまま記し――勢力が二千もあり、彼らをその要害の番兵にするのがよいと答えた。その番頭として、『織田軍記』同様、『絵本太閤記』にも載る蜂須賀以下の姓名をあげている。その大将には自分がとまた差し出がましいことをいったが、信長はそれを許した。伊勢国に要害を造ると触れさせて、永禄《えいろく》九年（一五六六）七月五日、大小の長屋十、櫓十、塀二千間、柵木五万本を八月二十日以前に準備せよと作事奉行に命じた。

永禄九年九月朔日、北方の渡《わたし》より上にをゐて、筏をくみ下さんと、悉く城具を川際へ持はこばせ積置しかば、山の如くに見えにけり。川に近き在々所々、加様之事に意得《こころえ》たる者を呼聚《よびあつ》め、筏に組せ給ふ。九月四日、小牧山へ勢を聚められ、五日之未明に北川之川上に着陣し、美濃地へ相越、先城所に柵を付廻し、ひた〳〵と城を拵《こしらえ》んとし給ふに、

井口より八千余騎の勢力で攻撃してきたが、柵外に出ず、弓・鉄砲で反撃し、七日、八日でおおかた城もできあがった。塀櫓もおし立て、その夜のうちに塗り終え、長屋まで残る所なく、見事な城が出現した。

篠木以下の土地に住む蜂須賀以下が、『武功夜話《ぶこうやわ》』の主人公、川並衆であることは、すでにみてきたとおりだ。『太閤記』に突然、登場するのは不思議だが、『絵本太閤記』がそれを踏襲したのは明らかだ。しかも、『太閤記』の引用文に、「川に近き在々所々、加様之事に意得たる者」とあいまいにしているが、これこそが、彼らにちがいない。『太閤記』はどちらかというと、城主藤吉郎のサポート役として彼らを前面に押し出しているが、『絵本太閤記』は、人海戦術とプレハブ工法の担い手として『太閤記』の彼らの活躍を描き直したのだ。そうでなければ、「一夜城」は忽然《こつぜん》と姿を現すことはなかった。

ところが、ここに問題がある。それは、築城の時期と場所についてだ。『太閤記』は永禄九年九月のこととするが、『織田軍記』と『絵本太閤記』は、永禄五年としている。また、『太閤

記』は、「美濃国に打越」・「川向ひに」としているが、「墨俣」と明記しているわけではない。結局、そのことが、「幻説」を生み出すもとになるのだ。

2 「幻説」現れる

墨俣城（岐阜県大垣市）は、永禄九年（一五六六）九月に、木下藤吉郎によって、木曾川が西に流れ長良川に合流する地点の美濃側（墨俣）に築かれたというのが通説だった。

ところが昭和六十年（一九八五）に、藤本正行氏が、「墨俣一夜城は実在したか」（「歴史読本」新年号、以下『信長の戦争』講談社学術文庫による）を発表し、築城否定説を主張した。その後、戦国史研究の権威小和田哲男氏が、さっそく追認し（『豊臣秀吉』中公新書）それがすっかり定着してしまった。

藤本説はどのようなものだったのか。その要点を箇条書きにまとめてみよう。

①『信長公記《しんちょうこうき》』は、「永禄四年辛酉《かのととり》五月上旬、木曾川・飛弾（飛驒）川の大河打越し、西美濃へ御乱入、在々所々放火候て、其後洲俣御要害丈夫に仰付けられ、（中略）。廿四日朝、洲俣へ御帰城なり。洲俣御引払ひなされ」とあるように永禄四年のこととしている。

②『信長記』は、一連の合戦である森辺《もりべ》、軽海《かるみ》の戦いをそれぞれ四年、五年に分割し、五年

の軽海の戦いの時、「洲俣に要害拵へ給ふ」とした。
③『織田軍記』も『絵本太閤記』も『信長記』を踏襲し、永禄五年説をとっている。
④『信長記』の作者でもある小瀬甫庵が、『太閤記』では、「永禄九年九月に信長が美濃のどこかに城を築き、秀吉を城主にしたという話を」載せた。
⑤高名な歴史家渡辺世祐《よすけ》氏が、「明治四十年（一九〇七）に著した『安土桃山時代史』の中で、『今太閤記、秀吉譜に考へ墨股築砦を永禄九年九月となし在来の諸説を排せり』」としたので、この時から、秀吉の墨俣築城は永禄九年になった。

すなわち、『信長公記』の永禄四年を、『信長記』が同五年、『太閤記』が同九年とし、しかも『太閤記』には築城の場所が記されていない。それを、渡辺世祐が明治四十年に、永禄九年九月に秀吉が墨俣に城を築いたという「史実」をつくりあげたというのだ。この結論を小和田氏が、「墨俣城は幻の墨俣城であった」と表現した。

同論文の最後に、『武功夜話』にも言及している。そこには二点の指摘がある。第一は、永禄九年寅九月十二日付の彦右衛門からまへの小右衛門宛の書状。第二は、墨俣城の絵図面についてだ。それについて、前者は戦国時代の文書としては奇妙な表現があり、後者は中世の城郭としては欠陥や疑問点があるとして、『武功夜話』の築城記事を全面的に否定している。ところが、この書状と絵図面は、本書で使用している二十一巻本『武功夜話』には存在しない。書状は、「吉田家所蔵文書」として、新人物往来社刊、吉田蒼生雄《たみお》全訳の『武功夜話』第四巻に採録されており、絵図面は、同巻所収の『永禄州俣記』に掲載されている。すなわち、両者は、本書で使用している二十一巻本とはまったく異なるものだ。それもそのはず藤本氏の論文は昭和六十年に発表されたが、全訳二十一巻本は同六十二年に出版された。『永禄墨俣記』は、昭和五十三年に、『墨俣一夜城築城資料』の一部としてすでに刊行されていた。諸資料を収集して、築城の全貌を明らかにするため、後世に編纂されたものと考えられ、二十一巻本とは区別してあつかうべきだ。

そこで、二十一巻本『武功夜話』には、墨俣築城の年次と経緯、軽海合戦等についてどのように描かれているのか。肝心な部分を原文でみてみよう。

> ここに清須上総介信長様、隣国美濃斎藤左兵衛（義竜）に備え、界目《さかいめ》州の俣なる処へ出城を作事の旨仰せ付けなされ候。旹《ときに》申年（三年）改って五月の事なり。佐々蔵助へ相副え佐久間玄蕃尉仰せ付けられ候。造作半ば美濃方懸り来たり、為に応戦にいとまなく築城はかどらず、二百数十間土居石積み容易成らず、信長様たまりかね御出馬、美濃方長井の軍勢と会戦、双方手負い多く州の俣へ御引き揚げに相成る。永禄酉（四年）州の俣築城は、佐々内蔵助殿仕るに付き、柏井衆、内蔵助殿に相随い州の俣へ罷り出で候由。永禄酉の美濃州の俣取出の造作は、両二年相続け候ところ、遂に成就成り難く結句州の俣御引き払いに相成るなり。

築城の年次そのものがずばり記されている。永禄三年（一五六〇）、同四年、「両二年相続け」とあり、同五年と三年にわたり挑戦された。単純にいっても三度、築城が試みられたのだ。しかしすべて失敗し、撤退を余儀なくされた。

藤本氏の論は、四年に築城がおこなわれ、それを甫庵が『信長記』で五年に改変し、『太閤記』では、地名はないが、九年としたとしており、どうやら、墨俣築城は四年のこと、つまり四年に一度だけ築城が成功したと考えたようだ。合戦にしてもたとえば、桶狭間・長篠・長久手等の戦いなどから一度だけと思いがちだが、川中島の戦いが五次に及んだように、しばしば一回では決着をみないものだ。まして敵の逆襲を受けながらの敵地での局地的な陣地争いはそう単純ではあるまい。墨俣築城は、主に佐々成政が責任者として取り組んだが、結局、成功しなかった。彼に従っていた柏井衆（前野党）も大きな犠牲を払わざるを得なかった。九年の問題についても、五年以降、「永禄寅歳、木下藤吉郎殿築城まで御手付かずに専《もっぱら》東方へ御働きあり」と、三、四、五年の築城とは別の作戦だったと明記している。

軽海（岐阜県本巣《もとす》市）の戦いは、『信長公記』と同様、ここでは四年のことだが、「千代女書留」には、「濃州軽身（海）の取合いは永禄申歳（三年）より酉の歳まで四度の出入にて候」とある。四年の十四条の戦いも四度目の出陣だったといっている。この四年の夜戦の際、小坂（前野）孫九郎雄吉《かつよし》は鞘走る（刀身が鞘から抜け落ちる）という失態を演じ、九死に一生を得たと懐古し、教訓としている。いかにも『武功夜話』らしい逸話だ。

ではなぜ五年に墨俣から手を引いたのか。それは、一進一退の激戦のさなか、犬山の織田信清が信長の留守をうかがい、鵜沼の大沢治郎左衛門と謀り、下津《おりつ》（愛知県稲沢市）辺りまで乱入。清須に迫りきたという緊急事態が発生したからだ。そのため信長は、まず犬山対策に全勢力を投入しなければならない羽目に陥った。そこで、前章でみたように、小牧山城に居城を移し、稲葉山の東方から攻めるという作戦に転換することになるのだ。

3　城はどのように築かれたのか

藤本説の結論は、前節の⑤だが、明治四十年に渡辺世祐が、永禄九年に秀吉が墨俣に城を築いたという「史実」を創作したものだとして、築城そのものも否定した。つまり江戸時代には、「永禄九年・秀吉・墨俣」と記した記録は存在しないと断定した結果だ。

ところが、蜂須賀小六研究家の牛田義文氏は、『史伝蜂須賀小六正勝』（清文堂）で、『日本外史』・『蜂須賀家記』・『渭《い》水聞見録』・『生駒家譜』等には、その三点が揃った記述があることを紹介した。たとえば、有名な頼山陽の『日本外史』（文政十年ごろ）には、「塁を河西（洲股河西）に築き、……信長、密かに藤吉に謀る。藤吉、対へて曰く……九年九月、卒を発して塁を築く」

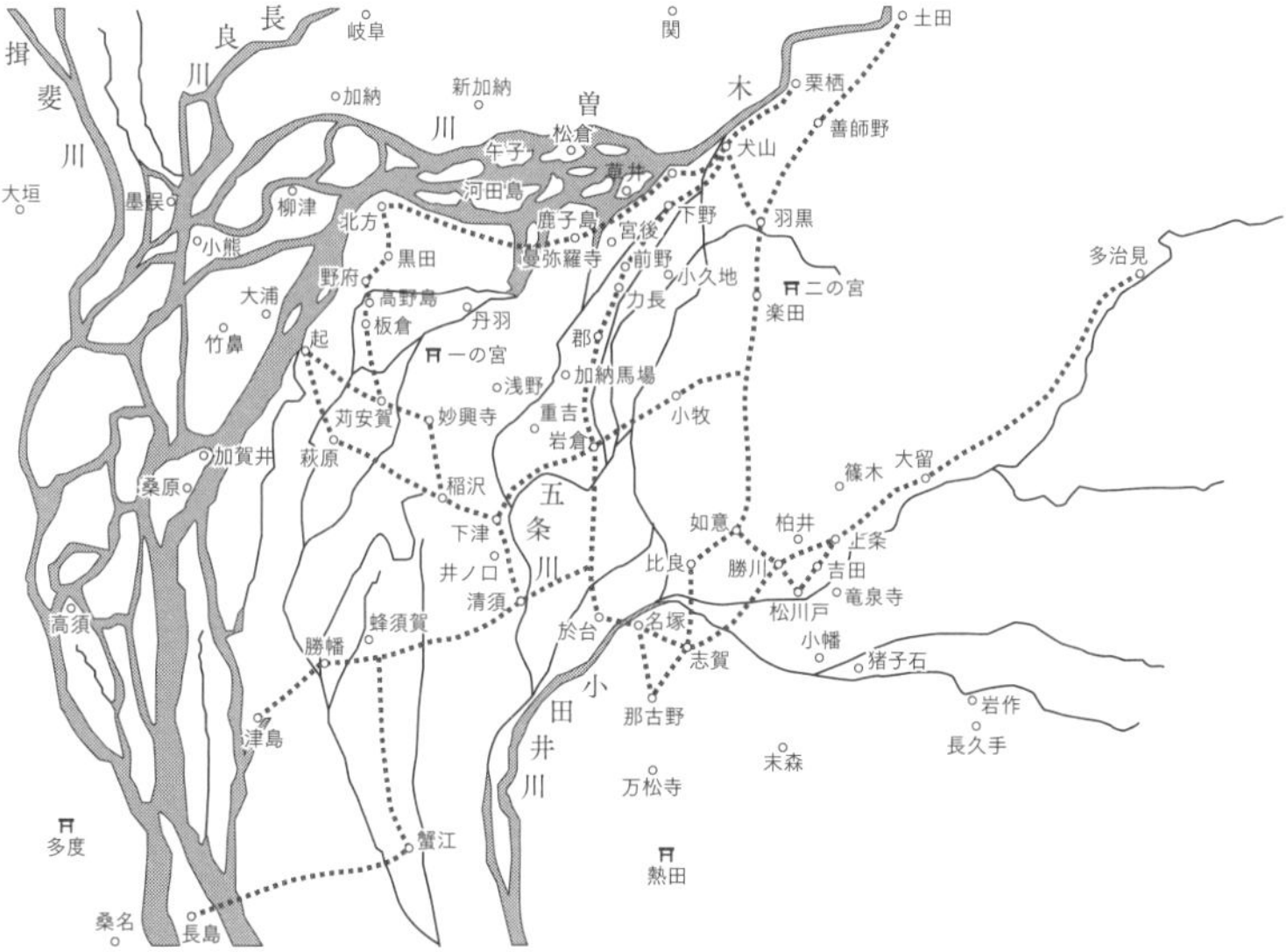

永禄9年尾張図（『武功夜話』新人物往来社、一巻、483ページから）

とあり、洲股河は、洲股（墨俣）村を流れる長良川の呼称で、長良川を越し美濃の墨俣に築城したということだと説明している。現在では、現存本が江戸時代末期のものと確認された『武功夜話』を、それらに加えねばなるまい。その『武功夜話』には、築城のいきさつはどのように描かれているのだろうか。原文を引用しつつ、内容を要約してみていこう。

永禄九年の春過ぎころから藤吉郎は、木曾川の中州松倉城の坪内氏を足繁く訪ねた。信長の墨俣築城の命を受け、協力を依頼するためだ。藤吉郎の尽力によるものだったが、木曾川の北、美濃の新加納を奪取し、信長に支配を許されていた坪内氏は、墨俣築塁の困難さと失敗を信長に叱責されることを恐れて、承知しない。説得のあげく、蜂須賀小六が采配を振るうなら力を貸そうと応じた。

さっそく松倉衆同道で小六を訪ね、美濃の墨俣に砦を構える相談をした。藤吉郎の話をじっくり聞いて、これは決して大言・虚言ではないと判断、即時に引き受けてくれた。藤吉郎は、小六と将右衛門に秘策を打ち明けた。永禄三年以来の墨俣川築塁の失敗は、難所のうえに敵襲を防ぎきれなかったためだ。場所は、三年の跡がわずかに高所であり、そこにする。尾張川は絶好の運材の道だ。「隠密のうちに洲俣へ隙入り《すきい》(攻め込む)馬柵、鹿垣《ししがき》幾重にも堅固に拵え之をもって防《ふせぎ》と為し、然る後城造作を仕るべき事」が肝要だ。そのため、「松倉瀬上(上流)より馬柵の用材一人一肩一本、千人の人数これあり候わば千本を運び入れ叶うという者、敵相働かざるの間丑寅《うしとら》の馬柵の仕《し》寄《よ》り(装置)こそ第一に為すべき事に候。貴辺の合力これあれば二千有余の人数を蒐《かり》集《あつ》める事、至難の業にてはこれ無し」と、弟小一郎ともども協力方を懇願した。

墨俣御陣(戦い)は武辺道で手柄を立てる先駆けとなる出陣だ。小六・将右衛門に従った一党衆は次の人びとだった。


丹羽郡稲木庄婿殿稲田大炊介《おおいのすけ》御筆頭なり。川筋衆、松倉住人松原内匠頭《たくみのかみ》。同川筋衆葉栗郡日比野住人の日々野六太夫。同郡《こおり》村久野の住人、青山新七郎、同人躮《せがれ》小助門。篠木柏井衆、梶田隼人介、同長江半之丞、河口久助門、等々。蜂須賀彦右衛門尉舎弟、小十郎。以上の者蜂須賀党、他に柏井衆御座候。梶川権六郎、村瀬作左衛門、上条助七門、等々究竟《くっきょう》なる面々なり。

先に『太閤記』を踏襲した『織田軍記』・『絵本太閤記』の人海戦術のメンバー（「篠木以下」、「蜂須賀以下」と表記）をみてきたが、ここには所属まで記されているが、『太閤記』とほとんど重なる。甫庵は、『信長記』以降、『太閤記』執筆まで、前野氏や川筋衆周辺を調査・取材し、何らかの資料を得たに違いない。

清須の大工衆を小六が差配し、松倉に待機した。用材の調達は長江半之丞が指図し、山方衆が確保にあたった。役割分担も綿密になされ、諸用具も準備が整い、決行日は九月十二日と決定された。徹底をはかるため、清助（前野義詮《よしまさ》）を山家衆に派遣した。

永禄九年九月十二日、前野衆は小熊《おぐま》口に十二時ごろ、墨俣の予定地には午後二時ごろ到着した。雨脚は強まり、雨中の作業となった。

尾張川より川下りの婿殿は一番の着陣なり。生便敷《おびただしき》人数に御材木は蟻の群がりたる如く運び上げ候。尾張川下り候稲田衆、城地へ向け二反ばかりの所の川原を引き均《なら》し、御材木曳き申し候由、（中略）番手衆一千有余人、群集の人なる哉、川成る哉、真黒と相成り斯の如き多人数、天より降り候、地より湧き出で候と小熊在村方衆、手伝いの手をやすめ恐れ入りたる如くに候なり。

短き御材は、一人当り一本宛肩にて陸路運び候由に候。長き物は、川船にて大方は夜中州俣へ差し候の時、川原切開き道作り鬼車（丸太を使ったそり状の道具）にて、多勢群り曳き揚げ、なお河中に素肌人数百人水しぶきを上げて働様に候。

雨中に休まず馬柵を取り付け、午後五時ごろには二百有余間を造作。引き続き夜中、松明を禁じ、暗中に働き明け方には、北西から北東方向に五百有余間が完成した。ところが、日暮れが迫るころ、敵が竹ケ鼻辺から押し寄せ、さかんに鉄砲を打ちかけてきた。将右衛門はこれに構わず作業を続けよと駆け回り叱咤激励した。馬柵は高さ六尺、二重の構えで堅固だ。敵は十四条口からも攻撃してきた。我らを侮り馬柵付近まで攻め込んだが、我が軍も両方に二百八十余挺の鉄砲で反撃し、見事に撃退した。これも藤吉郎の馬柵を最初に堅固に構築するという作戦が功を奏したのだ。

大将藤吉郎のその日の出立《いでたち》は、黒革染尾張胴の具足。猩々緋《しょうじょうひ》の陣羽織を着用し、野太刀は二尺六寸有余の大太刀。中背で痩身だったがその姿は堂々と輝いて見えた。

信長は、九月十四日午前十時ごろ、柴田以下の諸将を引き連れ、三千有余騎で入城した。この度の川筋衆の働きをおおいに讃え、銀子百枚、金子五十枚を下され、藤吉郎を城主に任命した。

4　『信長公記』に書かれなかった事件

永禄五年（一五六二）の失敗で、墨俣築城をいったん断念した信長は、同六年に小牧山城に移り、東美濃からの攻撃に作戦を変更する。それが前章でみた、鵜沼・猿啄《さるばみ》城、犬山・金山城、および堂洞《どうぼら》城の攻略だった。永禄七年・八年、そして墨俣に築城する九年九月までの間に、尾張と美濃を震撼させた事件がいくつかおこった。

その一つが、竹中半兵衛重治《しげはる》の稲葉山城乗っ取りだ。

『太閤記』に載るものだが、要するに、永禄七年（一五六四）二月六日、人質となっていた弟の看病のためと称し、単身で城内に乗り込み、岳父安藤守就《もりなり》の二千の勢力の圧力で、城主斎藤竜興を追放し、自ら城主となった。そこで、信長が、美濃半国の譲与を条件に稲葉山城を渡すよう要請したが、それを拒否し、一年後には竜興に城を返した。

『武功夜話』には、後日、秀吉に語った彼の心境がつぶさに述べられている。

某《それがし》は我欲心にあらず、某如き小人数をもって手易く取り抱え候如くにては、先々到底稲葉の城保ち難く候。憚《はばか》りながら某案ずるに、要害如何様に堅固なれども人心一和ならざるは、要害堅城も物の用にも立つべからずなりと、御殿へ御諫言の上御返上の心算《こころづもり》に候。

たとえ織田殿の御願いにあろうとも、某は累代の斎藤の家人に候。主家に謀反の心いささかも相無しと御断り申し候事御座候。


信長には思いもかけないチャンスだったが、あっさりと拒絶されてしまった。しかし竜興は求心力を失い、稲葉山城の内部はガタガタだ。開城はもう一押しだとの確信を得たにちがいない。


その稲葉山城になおいっそう揺さぶりをかけたのが、瑞竜寺山《ずいりゅうじ》への放火だ。

それは、『武功夜話』に詳しく描かれている。永禄七年十一月、蜂須賀党・前野党の面々三十有余人が瑞竜寺山に隠密裏に忍び込み、薪を伐り、山内の数百カ所に積み上げた。大将藤吉郎は、坪内党を引き連れて、長森から井口の町屋に侵入し、午前二時ごろ、そこに放火した。それを合図に、いっせいに薪の山に火を放つと、瑞竜寺山は、西風にあおられ、たちまち火の山となった。すぐに現場に戻った藤吉郎と蜂須賀党の面々は、稲葉山に駆け上り、煙硝蔵の角の楼に火薬を投げ込み、猿のごとく下山、加納口に退いた。美濃方は不意の出来事に、周章狼狽するのみでなす術を知らなかった。

坪内党は、加納口から川手城に向けて侵入し、在郷諸村に放火。その騒乱に乗じて、新加納を占拠し、尾張川の南の小高い所に陣所を構え、馬柵、竹束《たけたば》で厳重に敵襲に備えた。坪内党の人数六百有余人、稗島《ひえじま》から松倉城を繋ぎ、砦に人員を配置して頑丈にとり固めた。

この作戦は、藤吉郎の提案を信長が採用したものだ。その成功によって、稲葉山城の南方で、木曾川の中州にあった松倉城から川を越えて新加納に橋頭堡《きょうとうほ》を築き、真正面から攻め込むというルートもいちおう確保された。

これらの功績により、坪内党は、松倉と新加納の全面的な支配を認められた。翌年の十一月には、信長から坪内利定《としさだ》に知行安堵《あんど》状が与えられるが、小口城誘降などで、川筋衆を味方につけ、足軽鉄炮隊百人組頭に取り立てられた藤吉郎が、それに副状《そえじょう》を出すほどのひとかどの武将として、信長の信頼を勝ち取ることになった。それとともに、信長とそりが合わなかった小六、将右衛門が、この時点あたりからはっきり藤吉郎への臣従の姿勢を示してくる。墨俣築城は彼らの働きなしでは、まったく不可能だった。

南（中央）からのルートは切り開かれたが、すぐに攻撃が成功するほど美濃勢も甘くはなかった。信長軍は河野《かわの》島の戦いで無残な敗北をきっしてしまう。

河野島は、松倉城のすぐ北で、新加納に砦を築いたいま、北へ川手・加納城から稲葉山城に攻め込む出発点になる要所だ。

それはどのような事態だったのか。山梨県の中島家に伝わっていた文書（「中島文書」）に記録されている。谷口克広氏の意訳を借用してみていこう。

この八月二十九日、信長は尾張・美濃の境目まで出張してきた。その頃、木曾川は増水していたが、川を渡って河野島に着陣した。すぐに龍興が軍を率いてそれに向かったが、信長は戦わずに軍を引き、川のふちに移動した。美濃軍も川を隔てて陣を布いた。その翌日、風雨が激しく、両軍とも戦いを仕掛けられなかった。ようやく水が引いて、美濃軍が攻めかかろうとしたところ、今月（閏八月）の八日の未明になって、にわかに信長軍は川を渡って退却を始めた。ところが川は増水していたので、大勢が溺れてしまった。そのほかの兵も、美濃軍に襲われて討ち取られたり、兵具を捨てて逃げていった。そのていたらく、前代未聞の有様である。（『信長の天下布武への道』吉川弘文館）

「今月（閏八月）」とあるので、永禄九年閏八月八日のことだ。しかも、河野島の戦いの唯一の記録で、稲葉山城落城、永禄十年説の、「最大の根拠」（同氏）となるきわめて貴重な史料と考えられている。

ところが、この戦いもまた『武功夜話』に詳細かつリアルに書き残されている。年次の明記されている「千代女書留」でみていこう。

美濃の加納を坪内氏が防御していたので、信長は丑の八月、三千の軍勢で、河田・松倉辺から木曾川を渡り、河野島に布陣した。美濃方も加納へ一千の勢力を動員し、鉄砲で応戦してきた。双方鉄砲の撃ち合いになった。信長は加納の岸辺まで押し出し、節所《せっしょ》をさけて瑞竜寺山から稲葉山に駆け向かおうとした。

折しも雨来たりて一両日天晴れやらず過ぎ候ところ、ここに思いも寄らぬ事出来《しゅったい》、城方の日根野備中守六千有余の大軍をもって退路を絶たんと河野島へ向って責め懸り怒濤の如く押し寄せ来たり増る。倍に勝る美濃勢に押しまくられ惣崩れと相成り候、退路を絶たれ今や一刻の有余とて無く信長殿本陣真近まで敵進み来たり増れば、御馬廻衆三拾有余騎輪と成って退き増る、信長殿危き様態に相成り増れば、

馬廻《うままわり》衆十数騎で、美濃勢の中へ突っ込んだ。信長は手にしていた槍を投げ捨てて、馬に鞭を入れると、「栗毛尾張恋しとて」一目散に鏡の原を駆け抜けた。あとに続いたのは五、六騎だったといわれている。

「中島文書」は斎藤家の奉行人から発給された書状なので、文面どおりの勝利だったのかと疑問視するむきもある。しかし、信長自身もあやうく危機を脱したと当事者の証言である『武功夜話』が詳述していることから、決して自画自賛ではなかったと思われる。まさに文字どおり信長軍の大惨敗だった。

ところがここで問題になるのが、『武功夜話』が「丑（八年）の八月」と前年のこととしている点だ。「中島文書」は一級史料で、歴史学上、現在のところ問題にする余地はないのだが、

九年閏八月は、九月の墨俣築城とはあまりにも接近しすぎているうえ、築城のための陽動作戦にしてはきわめて稚拙だ。これはあくまで推測にすぎないが、七年に開拓した中央（南から）ルートから攻撃をかけたが、八年の大失敗で、墨俣城を拠点にした西美濃からの攻撃に、再度、作戦を転換したのではなかろうか。九年の閏八月には築城の準備は着々と進んでいたはずだ。

5　墨俣築城を裏付ける事実

墨俣築城を否定する藤本氏は、「信長らしからぬ強引で拙劣な用兵ぶりのみが目につく」ことを、その理由の一つにあげている。たしかにこの築城は、「強引で拙劣な用兵」だったかもしれない。しかし、永禄三年の桶狭間の戦い以降、同十年の稲葉山城落城までの個々の戦いでもそれはしばしば目にするところで、必ずしも墨俣築城のみにあてはまるものではない。それよりも、信長の美濃攻略は、西美濃での失敗、東美濃の制圧、中央ルートの開拓、そして再度、西美濃（墨俣）からと、実に八年の歳月をかけ、粘り強く周到に包囲網をつくりあげ、成功が勝ち取られたのだ。その勝利の主役は、木下藤吉郎を頭領とする川筋衆だった。信長の正規軍はそのお膳立てにのったにすぎない、といえば少し言い過ぎだろうか。彼らが視野に入らなければ、戦術・戦法を云々できないだろう。

『武功夜話』の興味深い話題を紹介して、別の面から墨俣築城の事実を補足しておこう。

まず、信長の室吉乃《きつの》（久庵《きゅうあん》）の没年を思い出してほしい。それは、本書第2章でみたように、永禄九年（一五六六）九月十三日のことだ。まさに墨俣築城の真っ最中だった。その時、編著者雄翟《かつかね》の父雄善《かつまさ》は、「美濃国州俣なる所へ、伯父御将右衛門殿に御伴仕り罷り立ち候後の事」だったと、『武功夜話』は記し、そして「久庵様逝去の注進は、この後十有余日の後」に受け取ったといっている。生駒氏の女で、前野氏ともゆかりの深い吉乃の悲報を墨俣の戦場で聞いたのだ。信長も同じだったろう。

また、「前野氏系図」（新人物往来社刊『武功夜話』四巻所収）の前野将右衛門長康の項には、彼の波乱に富んだ経歴の五分の一ものスペースを割いて、「永禄寅歳（九年）木下藤吉郎様信長様に濃州州俣なる所に築城を仰せ付けられ候、しかるに秀吉様無勢候に付き加勢を仰せらる、すなわち蜂須賀小六前野将右衛門同心この加勢の儀請け候、よって築城の御用意仕る、築城の後信長様両名を秀吉に付けなされ、爾来《じらい》秀吉様の御陣には欠さず御伴仕る」とあり、永禄九年の築城の事実とともに、『武功夜話』同様、小六と将右衛門がこの時から秀吉に臣従したことも明記している。二人が秀吉の股肱《ここう》の臣といわれるゆえんだ。

父雄善は、「某若年の頃より諸所の御陣出入り数うべからずも、濃州州俣寅九月の出入りは、尤も初陣《ういじん》の御伴に候ゆえ、格別の覚え御座候」と回想している。普通、墨俣築城というが、彼ら当事者にとっては、「御陣《ごじん》」・「出入り」であり、単なる築城ではなく「戦い・合戦」だった。

しかも雄善は、それが「初陣」で、一生忘れられない戦いとなった。初陣は、信長クラスから彼らのような地侍まで、武士としての最も重要な通過儀礼の一つだ。だから塁俣の戦いはとくによく覚えていると強調しているのは当然のことだ。

この度は郷中総出の出陣で、前野一党は、蜂須賀小六のもとに配属された。十五歳の雄善も、父親の雄吉は御台地《みだいち》の柏井にいたので、祖母や母を通して伯父の将右衛門に出陣を願った。伯父はややためらっていたが、後方部隊の喜平次組下での参陣を許した。喜平次は、心を配り、いろいろ指図をした。この戦いは普通の戦いとは違う。馬柵を造り敵を防ぎながら砦を築かなければならない。だから兜も胴丸も不用だ。身軽く動けるのが肝心だ。そこで、襦袢・半袴、鎖帷子《くさりかたびら》を着用し、太刀のかわりに脇差、槍は九尺柄の素槍という身拵えをした。祖母が、具足などと足袋二足、足中を十足ももたせた。

祖母（妙善）は、ともに初陣となる従兄弟の太郎（森雄成《かつなり》）にも、武者としての面目を立てるためよくよく辛抱せよと諭し、勝栗・昆布に酒を添えた膳を整え、燧石《ひうちいし》を切り火の粉を打ちかけて初陣を祝い、送り出してくれた。

期待と不安をいだいて戦場に臨むと、他の衆は、「堀を掘り馬止めの柵を結い廻し、昼夜を分たず一心不乱に立ち喰らい、よどむ暇とて相無く時雨降る中、泥中に足元定まらざるを屈せず、精も根も尽き果てんばかり競い、遂に成就」した。ところが自分たちは、厩の常番を仰せつけられ、築城場所から一町ほど下手の小松原で、馬草を刈り馬の世話に終始した。激しい戦闘を予想していたのに、歯がゆい思いでひたすらその仕事に従った。組頭喜平次や大人たちの配慮なのだが、本人にとってはひどく期待はずれの初陣となった。しかし地侍層の「初陣」とはいつもそのようなものだったのだろう。彼の初陣の有様を詳細に描いた『武功夜話』は、その意味できわめて貴重な記録だ。

雄善の初陣にはもう一つエピソードが残されている。それは、永禄九年から約六十年後、寛永元年（一六二四）五月の雄翟の墨俣城跡探訪の動機となったことだ。

墨俣城地に駆け向かう時、木曾川を越えた大浦郷で、八太夫という人の屋敷で休息した。雨に濡れて難渋していた自分たち若者に古衣《ふるぎ》胴着《どうぎ》をくだされどうにか寒さをしのげた。その恩義を常々語っていたので、再び訪れられなかった父の念願をかなえてやりたかった。

常に将右衛門の片腕として参陣し、まだ健在だった常円殿（前野清助）の記憶を頼りに、五月十五日に小熊郷で城跡を探したが、それらしい所は発見できなかった。近在の女房にたずねたところ、渡船場の弥助老人を紹介された。老人は、「古《いにしえ》よりその地御城地と伝え申すも、当今は河原と相成り、石垣一ツだに見当らず、去る天正以来度重る洪水のため、大河の流れ古の流れを変じ唯彼方五反ばかりの処小高き処を城跡という」と教えてくれた。それらしき場所と言い伝えを聞いただけで、遺跡らしきものは発見できなかった。

その日の暮れ方、小熊郷の庄屋重之右衛門殿を訪ねた。本人は七十余歳で健在だった。来意を告げると、待ちかねていたかのように、父親から聞かされたことや、十歳のころの「如何なる大乱に立ち至るや気も動転、五体のふるえ止まらざる」思い出を、夜を徹して語ってくれた。現在もここでは、「太閤陣跡」と伝えているとのことだった。

翌日、帰路、待望の大浦郷の六太夫殿宅を訪問した。すでに先年亡くなり、半蔵という息子が跡を継いでいた。たまたま留守だった。来意を告げると、八十すぎの老婆が姑から聞かされたその当時の話をしてくれた。意外なことに、小牧・長久手の合戦の折、加賀の井に籠城した祖父小坂雄吉を覚えていて、いっそう打ち解けた。そして親父から、「当日朝方は雨降り、御難儀の衆を見受け申し祖母者、衆中の御小姓五、三人着衣水につかりて至極難儀の様体を見受け申し、憐憫《れんびん》の情相催し、ありたけの古衣胴着を進上した」と聞いていると話した。六十余年後の奇遇を喜びあった。感謝の思いでいっぱいだった。一泊をすすめられたが、待ちかねている常円殿を一時も早く喜ばせてやりたいと、深く感謝して辞去した。

以上が、雄翟の墨俣城遺跡探訪の要約だが、約六十年後にもかかわらず、築城が近辺の人々の記憶にまだ残っており、それを知りえたのみならず、関係者の思いやりの深さに感激する旅でもあった。

第7章 秀吉の出自と出世の謎

1 「出自」の謎とは

豊臣秀吉が、歴史上にその姿を現すのは、坪内利定《つぼうちとしさだ》宛の文書が残っている永禄《えいろく》八年（一五六五）のことで、二十九歳の時だ。そうすると、生年は天文《てんぶん》六年（一五三七）丁酉《ひのととり》になる。あだ名が「猿」のためか、天文五年丙申《ひのえさる》が通用していたが、現在は六年で決着している（桑田忠親『豊臣秀吉の研究』）。出生地は「尾州愛智《あいち》郡中々村《ぐんなかなかむら》」、父親は「木下《きのした》弥《や》右衛門《えもん》」とする『太閤素生記《たいこうすじょうき》』の説が有力だ。ところが、同書の木下弥右衛門、鉄砲足軽説は、彼が、鉄砲伝来の天文十二年に没したことで、否定された。ここでもう一つ問題になるのが、「木下」という名字だ。木下藤吉郎は、妻の実家の名字をついだと考えられてきた。父親が木下ならば、そのようにはいわれないはずだ。秀吉が貧しい農民の出身であることは、本人もそういっており（ルイス・フロイス『日本史』）、多くの人びとの常識だろう。それをもう少し詳しくみるとどうなるだろうか。

小和田哲男氏は、『豊臣秀吉』（中央公論社）で、父親の階層について、①鉄砲足軽説、②水呑百姓説、③名主百姓説、④下層百姓説をあげて、名字に着目すれば、③の可能性もあるとしながら、結論的には④の下層百姓説を採用している。つまり、「自作もするが、自作だけでは食べていけず、名主百姓の小作もする。つまり、戦国期に広範にみられた『自小作農』だった」と説明している。それと同時に、常識をくつがえす「非農民説」にも言及している。それは、『太閤素生記』の「秀吉母公モ同国ゴキソ村ト云所ニ生レテ木下弥右衛門へ嫁シ」とあるのを根拠としている。「ゴキソ」は「御器所」で、名古屋市昭和区御器所町だ。この地名から、椀や盆などの木製品を作りそれを売り歩いた木地師を連想している。秀吉の母親の家系には、農民ではない漂泊の民の影が見えると述べている。

この非農民説が、最近にわかに注目されだした。それは、石井進の『中世のかたち』（『日本の中世1』中央公論社）で、歴史学の表舞台に登場してきた。

石井は、『太閤素生記』の、家を出た藤吉郎が、すぐに清須《きよす》に行き父の残した一貫文で木綿針を買い求めそれを売って旅費とし、浜松に至ったとする記事や、『祖父物語《そふものがたり》』の「弥助ト云〔ツナサシ〕アリ。是ハ藤吉郎姉聟也」、「七郎左衛トテ清須ニ。〔レンシャク〕アキナヒシテ居ケル者アリ。是ハ藤吉郎伯母聟也」、「又右衛門ト申者。〔ホウロク〕商売セリ。是ハ藤吉郎伯父也」をあげて、「秀吉の周囲の親類縁者には、大体このクラスに属する人びとが多かった」と述べている。〔ツナサシ〕は「綱差」で鷹匠《たかじょう》の身分の低い従者、〔レンシャク〕は「連雀」で商品を連尺で背負って売り歩く商人、〔ホウロク〕は「焙烙」で土鍋を売り歩く商売であり、いずれも差別された人びとだったことを指摘している。

この説を検証した服部秀雄氏は、秀吉の青年時代には連雀商人の頭や手代は城下の大手に店を構えて商人を差配しており、必ずしも差別の対象ではなかったと新見を展開しているが、秀吉の出生地が中村ならば百姓だが、『祖父物語』の異本『清須《きよす》翁《おきな》物語《ものがたり》』に、「清須みすの（御園）がうどと申所にて」とあるのが認められるならば、秀吉は、都市民で、職人ないし商人の可能性が高いと推測している（『河原ノ者・非人・秀吉』山川出版社）。また、秀吉周辺の人物として、福島正則は「大工（番匠《ばんじょう》）の子」、加藤清正は「あのう（穴太）石つきの子」など賤視されていた職業と結びつける俗説の例をあげ、蜂須賀小六も取り上げている。本書第1章でみた、「橋上の出会い」について、橋が架かっていなかったことに疑問をさしはさみながらも、橋が架かっていなくても、秀吉と小六の接点はあったとして、「特異な武装集団の頭領蜂須賀小六と、そして彼と主従関係を結びえた秀吉との連合なくして、美濃攻撃は不可能だった」と「特異な」の中身は不明だが、福島・加藤と同列に論じている。

2　秀吉は村長の息子だった

秀吉、非農民説、また彼を支えた人びとが多様な職能や差別された存在だったとする見方に関心が寄せられつつあるなかで、『武功夜話《ぶこうやわ》』は、どのように秀吉の「出自」を語っているのだろうか。（Ⅰ）と（Ⅱ）、【＊1】と【＊2】に分け、現代語訳でその内容をみていこう。

（Ⅰ）この人（藤吉郎）と出会ったのは弘治《こうじ》乙卯《きのとう》年（元年〔一五五五〕）の夏過ぎのころと聞いている。そもそもの関係は、尾州郡村《こおりむら》の生駒屋《いこまや》敷雲球《しきうんきゅう》宅での出会いだった。蜂須賀小六殿が彼を雲球屋敷で見知り、いろいろ不審なこともあったので、乱波《らっぱ》（忍びの者）の類いではないかと疑った。その姿は無頼の徒のようで、小兵だが武芸にすぐれ、姿形《すがたかたち》に似ず兵法の嗜みも深かったが、はじめはえたいの知れない人物だった。ところが、蜂須賀党に加えてほしいとしきりに懇願するので、やむなく小六殿が、宮後《みやうしろ》の安井屋敷に連れて行き、用事を言いつけたところ、才知にたけ、機転はよく利き、胆力は秀でているので、ついに、彼の願いを許した。働きは抜群で、日を追って重宝さを実感するようになった。

（Ⅱ）藤吉郎の生国は、尾州下の郡中々村で、親代々百姓をなりわいとしていた。村長の役人の家だった。同郡内松葉の城の織田右衛門尉《おだうえもんのじょう》が支配する百姓だった。【＊1　天文《てんぶん》年間以来、度重なる兵乱があった。兵馬が作物をなぎ倒し、狼藉《ろうぜき》の限りを尽くし、結局、百姓は逃散《ちょうさん》し、多くの農家がつぶれてしまった。ことに下郡でその傾向が著しかった。城主右衛門尉は牢人《ろうにん》を多勢召し抱え、備えに怠りなかった。そのため軍費が重なり、不如意におちいってしまった。反銭《たんせん》・夫銭《ぶせん》（土地にかかる税と兵役の義務）は旧来にまして厳しくなった。したがって万一、反銭や夫銭を滞納すると、罪科に処された。そのため、百姓は身代をつぶす者が大勢あった。藤吉郎の在所、中々村は、かなりの大村だったが、逃亡した家が二十余戸もあり、貧村となってしまった。】藤吉郎の家は代々組頭で、父親は備後様（信長の父信秀《のぶひで》）の時代、軍役《ぐんえき》をつとめていたが、天文の年に亡くなった。後添えの義父と折り合いが悪く、口減らしのため寺奉公に出された。ところが近所の悪童どもとのつき合いが多く、経文を読むことに身が入らず、二、三年もたたないうちに離縁になってしまった。それでいったんは生家に戻った。かといって百姓仕事も続かなかった。お袋様の意見も馬耳東風で、悪童の評判が村中に高く、仕方なく一族・親類の者が寄り集まって相談した。よくよく藤吉郎の考えを聞きただし、思案のあげく、再びお寺の坊さんを呼び、僧侶で身を立てるようにと説得したが、がんとして聞き入れなかった。それならば、おまえの本意をいってみよと坊主がいうと、【＊2「百姓の業は、春に種をまき、秋にそれを収穫する。これは自然の恵みによるものだ。しかし近ごろは、兵馬が乱入して田畠をなぎ倒し、粟や黍《きび》も稔らない。そのため百姓の業は成り立たない。自分が百姓を好まないのはこのためだ。いまや戦乱の世の中だ。武者奉公を望んでいるので、これから諸国修行に出たい」】と言い張り、お袋や坊さんの意見にもまったく耳を貸さない。中村の家を飛び出し、駿河・遠江《とおとうみ》・三河を流浪し、乞食をするのもいとわずそのはてに、遠州浜松の兵法者の家にしばらく奉公し、尾州の上郡へ戻ってきた。藤吉郎が在所を出たのは、十三歳の時だった。後日、清須《きよす》の織田《おだ》上総介《かずさのすけ》様が、郡村生駒屋敷に来られた時、久庵《きゅうあん》様のお口添えもあって、清須に召し出されることになった。

　少々長くなったが、筋の通った感動的な物語だ。まず（Ⅱ）からみていこう。生国は「中々村」で通説どおりだが、「村長の役人の」家系だといっている。別の箇所（二六ページ参照）に

藤吉郎、松下加兵衛に仕える（『絵本太閤記』）

は、「村長の倅《せがれ》」とある。松葉城（愛知県大治町《おおはるちょう》）主、織田右衛門尉の支配下の百姓とするが、『信長公記《しんちょうこうき》』によると、松葉城主は織田伊賀守で、右衛門尉は隣接する深田の城主で信秀の弟だ。「軍役」をつとめていたというので、平時には農業に従事し、戦時には、決められた要員と武器を準備してはせ参じたのだろう。父親が天文年間に死亡したのは、この文脈からすると戦いに原因があったといえるかもしれない。名前はわからないが、義父との折り合いが悪く口減らしのために寺に預けられる。そこを離縁され、中村の家を出て流浪、浜松の兵法者に仕える。これも名前を記さないが、松下加兵衛《かへえ》のことにちがいなかろう。このように通説はほとんどカバーされている。ところが、織田右衛門尉支配下の「村長の役人の家」で組頭をつとめていたというのは、他にみられない貴重な情報だ。それは、前節の小和田氏の分類によると、③に該当する。つまり藤吉郎の父親が「木下」という名字をもっていたならば、それは「名字ノ百姓」で、「一般農民より身分的に高く、有力農民、つまり名主百姓を象徴するもの」と説明されている。そして、『武功夜話』が「名主百姓」説を補強する史料として取り上げられている。右の現代語訳では、名字はわからないが、『武功夜話』では、生駒屋敷に現れた時から「木藤吉」と呼ばれており、おねと結婚するまえから「木下」だったようだ。それはさておき、「名主百姓説」と【＊1】の記述を重ね合わせると、織田右衛門尉のもとで、「名主百姓」だった藤吉郎の家も「軍役」で苦しみ、また組下の百姓が重税のために逃亡し、村自体が崩壊してしまうという事態に巻き込まれていったと思われる。村の崩壊が、「名主百姓」をも没落させたのだ。その後継者が藤吉郎だった。信秀・信長によって尾張の支配が再編されるなかで、【＊2】のように、百姓としての再起を断念し武者奉公に活路を見出そうとしたのである。このような青年は、数かぎりなくいただろう。しかし成功した者がきわめてまれだったことは歴史的に明らかだ。

十三歳で家を出た藤吉郎が、「乞食」をするような放浪のあげく、生駒屋敷に現れたのは十九歳の時だった。この間、異能の者、そしてその集団とのかかわりのなかで、鍛えられた彼は生駒屋敷に集う人びとにどのように映ったのだろうか。（Ⅰ）は、本書第1章の「生駒屋敷の出会い」と重複するが、藤吉郎が小六の眼鏡にかなって臣従を許された真相がつぶさに描かれている。藤吉郎の、「乱波・無頼・武芸・兵法」などの非農民的特質が、川並衆蜂須賀党の活動と共鳴し、小六によって活躍の場があたえられたのだ。交通の大動脈、木曾川にかかわって生き、ときにはその生業の技能を生かし傭兵としても戦う川並衆、これが、服部氏のいう「特異な武装集団」の本当の中身だろう。

藤吉郎が非農民の出身かどうかよりも、放浪するなかで、多くの異能の人びとと交わり、彼らの特殊な能力やネットワークを生きるために獲得していった。その彼が、川並衆という「異能集団」と結びつくことによって、出世の突破口を切り開いていくことになったというほうがより適切であろう。

3　松下加兵衛のもとを去る

家を出た秀吉はどのようにして松下加兵衛に仕え、どのような理由でそこを去ったのだろうか。『太閤素生記』でそのいきさつをみていこう。

天文二十年（一五五一）の春、十六歳の秀吉は、中々村の家を出た。父親が死んだ時、猿に遺産として一貫文（約五万円）を残してくれた。この金の一部で、清須で木綿を縫う大きな針を買い、鳴海《なるみ》まで行きこの針を売り、食事代にした。また針を売って、草鞋《わらじ》代にした。このようにして遠州の浜松に着いた。浜松の町外れの牽馬川《ひくまがわ》の辺にたたずんでいた。そのころ浜松の城主は飯尾《いいお》豊前守《ぶぜんのかみ》で、今川の家臣だった。また近所の久能城の城主が松下加兵衛だ。この松下が久能から浜松に行く途中でこの猿を見かけた。どこから来た何者だと問うと、尾張から武者奉公をするために来たと答えた。自分に奉公するかと尋ねると即座に承知したので、浜松の飯尾のところへ連れていった。このようにして松下に仕えることになる。

ここで少し注釈を加えておこう。『太閤素生記』は天文五年の誕生としているので十六歳だが、通説では、天文二十年、十五歳の時のこととする。松下加兵衛は之綱《ゆきつな》といわれてきたが、之綱は秀吉と同じ年なので、通称の加兵衛は確認できないが、父親の長則《ながのり》と考えられるようになった。また久能城は久野城だが、松下加兵衛のこの時の城は頭陀寺《ずだじ》城（静岡県浜松市）だ。久野城（同袋井市）の城主になったのは、天正《てんしょう》十八年（一五九〇）に徳川家康が関東に移ったあとのことだ。つまり、「猿」と呼ばれているが、秀吉は、天文二十年に今川の陪臣、松下長則に仕え、目を掛けてもらった恩に報いるため、のちに息子之綱を優遇したのだ。

それでは秀吉の働きぶりはどうだったのか。またなぜ松下のもとを去ることになったのか。『太閤素生記』（改定史籍集覧）を引用してみよう。

初ハ加兵衛草履取ナト一所ニ置ク。後ハ引上ケ加兵衛手本（手元）ニテ使ニ、彼是一ツトシテ加兵衛カ心ニ不叶《かなわず》ト云事ナシ。後ハ加兵衛納戸ノ取入・取出シヲ申シ付ル。先ヨリ居タル小姓共是ヲネタミ、香芥《こうかい》カ失レハ猿カ盗ミタルラント云。小刀カ失レハ猿カ取タルト云。印籠《いんろう》・巾着《きんちゃく》・鼻紙ナト失レハ猿ヲ疑フ。加兵衛慈悲成ル者ニテ、遠国行衛も不知者故《しらざるものゆえ》、如此《かくのごとく》無実ヲ云懸ルト不便ニ思ヒ、其品々ヲ云聞セ、本国へ帰レト云テ、永楽三十疋《びき》（三貫文）ヲ与へ暇ヲクル、。是ヲ路銭トシテ猿清洲ニ至。

草履取りからスタートし信頼を勝ち得て、納戸役に抜擢されるが、古参の家臣の妬みを買う。それを哀れんだ、「慈悲成ル」加兵衛が、退職金をあたえて故郷尾張に帰したという話になっている。

それでは、『太閤記』（新日本古典文学大系）はどうなっているのだろうか。同じく原文を引用してみよう。

二十歳之比《ころ》、遠江国之住人松下加兵衛尉と云し人に事《つか》へしが、他に異て用所を叶へ侍るに、或時尾州信長公御家中には、いかやうなる具足甲《ぐそくかぶと》やはやるぞと、松下尋しに、秀吉奉《うけたまわ》り、尾張国には、桶皮筒《おけかわどう》には事変り、胴丸《どうまる》とて右之脇にて合せ伸縮自由なるを以、をしなべて是を用ゐ侍る由被申《よしもうされ》ければ、さらば其具足冑《かぶと》買て参れよとて、黄金五六両渡しつかはしけり。

家が貧しかったので、遠・三・尾・濃を放浪し、あちこちに仕え、そのあげく「二十歳之比」に松下加兵衛に仕えたと、ごく簡略に記している。また、勤務ぶりも、「他に異て用所を叶へ侍る」と具体性にとぼしい。『太閤素生記』とは関心のあり方が違うようだ。退去の理由も、尾張の信長が採用している「胴丸」という最新の具足の購入を命じられたためとしている。当然、松下は戻って来るものと予想してのことだ。しかし、秀吉は尾張への道すがら、この金を支度金として天下を取るほどの大将に仕え、立身出世し、父母や親族を養いそのうえで、胴丸を買い求め松下に渡そうと決心する。いろいろ理屈をつけてはいるが、結局、松下から預かった具足購入代金を着服してしまったということだ。

購入を依頼された具足を、『太閤記』は、「桶皮筒には事変り、胴丸」といっているが、これは誤りだ。新井白石の『本朝軍器考』は、この場面を例にあげ、「桶皮胴ハ打チノベニシタルカナ胴ナリ、今世ニ桶皮胴ト云フ鎧ハ、右ノ桶皮胴ニ草ズリヲ付タル」ものだとしている。正確には、「桶皮胴」だ。

4 「着服説」はどう受け取られたのか

ところが、『太閤記』の「具足購入代金着服説」に異議を申し立てて自説を強く主張したのが、『太閤素生記』だ。以下、次のようにいっている。

此事ヲ太閤記ニ、加兵衛猿ニ云、尾張ニ桶革胴ニカハリテ胴丸ト云アリト聞ク、調来レト云テ黄金五両ヲ預ルト、夫ヲ取テ尾張ヘ行、其金ニテ支度シテ信長ヘ奉具足《ぐそくをたてまつり》、公ニ出ルトアリ。不信、太閤生レ付、堅ク理知儀（律儀）ニシテ、左様ノ心ニ非ス。又行衛モナキ幼猿ニ、加兵衛黄金五両預クベキ義ニ非ス。又具足ヲ調来レト其世悴《よせがれ》ニ云ヘキ理ニモ非ス。猶不信。

太閤は「律儀」であり、この話には、「義」もなければ「理」もなく、「不信」そして「猶不信」と強く否定している。いかにも江戸時代らしい儒教的倫理観によって、かなり強引に秀吉を擁護しているといえよう。

この文章は、『太閤素生記』の成立が『太閤記』以後だとする根拠とされてきたものだ。しかし、『太閤素生記』の「原本」には存在しなかったかもしれない。というのは、『太閤素生記』の別の写本（「和学講談所本」）では、この箇所が一字分、下げて書かれているからだ。そうだとすると、のちの人の書き入れとも考えられ、『太閤素生記』と『太閤記』の両方を読んだ者の判断がここに示されたとみることができるだろう。「原本」の作者の批判とみることも、もちろん可能だ。いずれにしても、「着服説」の一つの読み方がここに表現されているといえよう。

『本朝軍器考』の「桶皮胴」が、『太閤記』の誤りを正すかのように、「桶川（皮）の胴丸」として明記されているのが、『武功夜話』だ。現代語訳でみていこう。

松下は今川家の兵法・軍学の師範をして裕福に暮らしていた。ある日、主人嘉（加）兵衛が万事に如才のない藤吉郎に、尾張清須の織田信長公は、桶川の胴丸という鎧を使っているというがどうかと尋ねた。藤吉郎は、信長公が使用されている桶川の胴丸は、まことに重宝な時勢にかなった具足で、種子島銃の弾も撃ち抜くことができないほどのもので、軽々と運びやすく、着用も容易で、まさにこれこそ当世向きの具足であり、他に類をみないと申し上げた。武芸に詳しい嘉兵衛はつくづく考えた。現代の合戦は種子島という飛び道具を使い、弓矢合戦ではおぼつかない。尾張の信長は合戦の達人だ。自分もなんとかしてこの桶川の胴丸を手に入れたい。幸い藤吉郎は尾張出身の者だ。この者に申し付けて買い求めようと、代金五十貫文を渡し、尾張に行きその具足を調達してくるように命じた。藤吉郎もひそかに思うところがあった。自分が尾張を出て、三河、遠江と放浪したのも大志があってのことで、ここに長居は無用だ。嘉兵衛から預かった購入代金五十貫文、道中の旅費十貫文、これを元手にして尾張に帰り、信長公に仕官し、我が望みを遂げようとひそかに謀計をめぐらした。

ここには、『太閤記』と同趣旨でしかもよりいっそう具体的で詳細な「具足購入代金着服説」が展開されている。あまりによく似ているので、『武功夜話』が『太閤記』を引用したと考えられても不思議ではない。実際、両書の資料収集・編集・執筆の時期は重なるし、『太閤記』

出版以降も、『武功夜話』の執筆は継続されていた。また、『武功夜話』は書写の過程で、何度も改訂・増補がなされたようである。しかし残念なことに、今のところ根拠を示して引用関係を断定することはできない。この「着服説」は、松下家の守り本尊、三面の大黒天盗用のきっかけともなり、ひいては東山大仏殿創建の縁起のなかで語られていることからすると、もともとの『武功夜話』にどこかの時点で、『太閤記』の説が取り込まれたのかもしれない。それはともかく、ここでは、『太閤素生記』の否認とは対照的に、秀吉出世譚の一部として、自慢話だが、若き日に犯した罪を自ら告白するという設定のなかで、「着服説」が妥当性のあるものとして容認されているといえよう。

なお、『武功夜話』の東山大仏殿創建の縁起とはどのようなものなのか。その記述を要約し、補足しておこう。

太閤殿下がある夜、御伽衆《おとぎしゅう》の大村由己《ゆうこ》（秀吉の伝記『天正記』の作者）に大黒天縁起を話して聞かせた。藤吉郎といった時代に松下加兵衛に奉公したことがあった。この家に三面の大黒天があり、加兵衛は深く信仰していた。この三面の大黒天というのは、一面に千人、三面で三千の兵を養うという。藤吉郎はこのことを知って、どうにかしてこの大黒天を我が物にしたいとつねづね思っていた。ところが、その好機がやってきた。尾張で流行している桶皮の胴丸の購入を命じられたのだ。これが「着服説」にあたる。その折、大黒天も盗み出した。藤吉郎は、尾張に戻る途中、大黒天に、一面に千人、三面で三千人を召し抱えられるというが、自分の大志からすると小さすぎると語りかけた。自分には三千や五千は取るに足りないし、日本国を手に入れたいと望んでいる。石で御身を砕くので、もしこの願いが叶うなら、微塵に砕け、その破片の数ほどの兵力をあたえてほしい。もし願いが叶わないなら砕けるなといって、小石ではっしと打つと、一寸八分の大黒天は五十余万に砕け散った。藤吉郎はおおいに喜び、尾張に帰り信長に仕えた。その後、日本を手に入れ、関白・太閤にまで出世した。大黒天のご加護を感謝し、大黒天を祀る寺を建立したいと思ったが、それでは松下屋敷から盗み出したことが表ざたになり、天下を取ったのは自分の働きではなく、大黒天の御利益によるものだといわれるのは悔しい。その代わりに奈良の大仏を京都に移し、そのための大仏殿を建立しよう。天下を取った自分になんのはばかることがあろうかと、京都の東山に、大黒天に代わる釈迦の大仏を建立した。これが洛東方広寺である。

5　おねの「出自」の謎とは

秀吉の出世を支えた糟糠《そうこう》の妻、北政所・高台院は実の名を「お禰（祢）」といった。自筆書状には「禰」とあり、秀吉も「おね」と呼んでいる。位記をいただいた時には、「寧子」と記されている。「ねね」ともいわれてきた。「おね」なのか「ねね」なのか、一時論争があったが、正しくは「禰」で、それに敬称の「お」がつき、音を整えるために「ね」が重ねられたので、どちらでもよいということになろう。『武功夜話』は「於祢」とあり、ここでは「おね」ということにしよう。

おねの生年は天文十七年（一五四八）とされてきた。しかしこれは不思議なことに、史料的根拠があいまいではっきりしない。天文十一年（一五四二）説、天文十八年説もあり、定まっていない。また結婚の時期も、通説では永禄《えいろく》四年（一五六一）とするが、これも根拠薄弱で推測の域を出ていない。

彼女の「出自」についてもよくわからないことがある。おねの母親は杉原家利《いえとし》の娘「朝日」とするが、父親について、田端泰子氏は、次のように述べている（『北政所おね』ミネルヴァ書房）。

「家定《いえさだ》（兄）の父親・おねの父親は誰なのだろうか。木下家の家譜では『某』と記されるこの人は、『足守木下家譜《あしもりきのしたかふ》』には『尾張国の住人、織田家の幕下杉原常陸《ひたち》入道《にゅうどう》道松《どうしょう》（助左衛門《すけざえもん》定利《さだとし》）』であるとする。そして家定はその長男であって、母方杉原家の祖父杉原七郎兵衛家利の嫡子となったとする。この記載からみると、家定の父であり、おねの父でもあった定利は早くに亡くなり、そのために家定は祖父家利の名跡を継いだのではなかろうか。家定の妹おねが浅野長勝《ながかつ》に養われた事情も解けるのである」

それでは、おねの父親について、『武功夜話』はどのように記しているのだろうか。これについては、本書第3章「尾張国はどのように統一されたのか」の3節「浮野の『一騎討ち』を読み解く」で紹介したが、ここでは原文でみておこう。

木下藤吉郎様妻女は、尾州丹羽郡浅野郷、浅野《あさの》又《また》右衛《え》門尉《もんのじょう》の女《むすめ》なり。実は同村の浅野村住人林《はやし》孫兵衛《まごべえ》の妹なり。親林《はやし》弥七《やしち》（郎）儀、先年上総介様岩倉御退治の砌《みぎり》。弥七儀、武運拙く討死、浮野原取り合いの刻《とき》、豪勇岩倉御家中比類なき武者輩《むしゃばら》に候。弥七なき後、兄妹の者小さければ、同村浅野又右衛門養育、成人の後養女なり。

おねの父親は、浮野の合戦の時、信長の鉄砲の師匠橋本一巴《いっぱ》に一騎討ちを挑み、討ち倒されてしまった岩倉方の弓の名手林弥七郎だという。残された兄の林孫兵衛とおねは浅野又右衛門長勝に養育され、成人ののちおねは養女となった。そのいきさつは、『武功夜話』によると、林も浅野も丹羽郡浅野郷の同郷で、両者ともに岩倉織田の家臣であり、しかも同じ弓衆だったことによる。また、落城後の岩倉家臣をほとんど採用しなかった信長が、浅野又右衛門を弓矢の技量を評価して召し抱えた。浅野は二百六十貫文の知行を得て家を維持することができた。しかし男子がなかったので、蜂須賀小六の母方の実家安井家から弥平二を養子として迎え猶子とした。これが、浅野長政だ。どうやら林孫兵衛は浅野に養われたが、養子にはならなかったようだ。

父林弥七郎とその子、孫兵衛・おねを左の関係図にあてはめてみると、杉原定利と家定・妹おねにあたる。では林弥七郎と定利が同一人物になるのだろうか、そうではなかろう。そうすると、兄孫兵衛とおねが、あるいは孫兵衛だけが定利と朝日の養子になったものと考えられる。朝日の妹に七曲《ななまがり》がおり、浅野長勝に嫁いでいるが、子どもがなかった。朝日も実子がなかったともいわれている。また家定は朝日の子ではなく、母親を「某氏の女」としているものもある。定利は、杉原朝日の聟に入り、杉原の姓を受け継いだようだ。おねの父親を「木下家譜」は、「某」としていることや、冒頭の田端氏の指摘のように、早く亡くなったとすると、また家定とおねの母親が異なることからみても、どうも家定と父親定利ははっきりしない人物で、林孫兵衛が杉原家定だとする説もあながち否定することができないようにも思われる。杉原家定（林孫兵衛）の妻（おあこ）は、祖父家利の長男家次の娘ともいわれている。

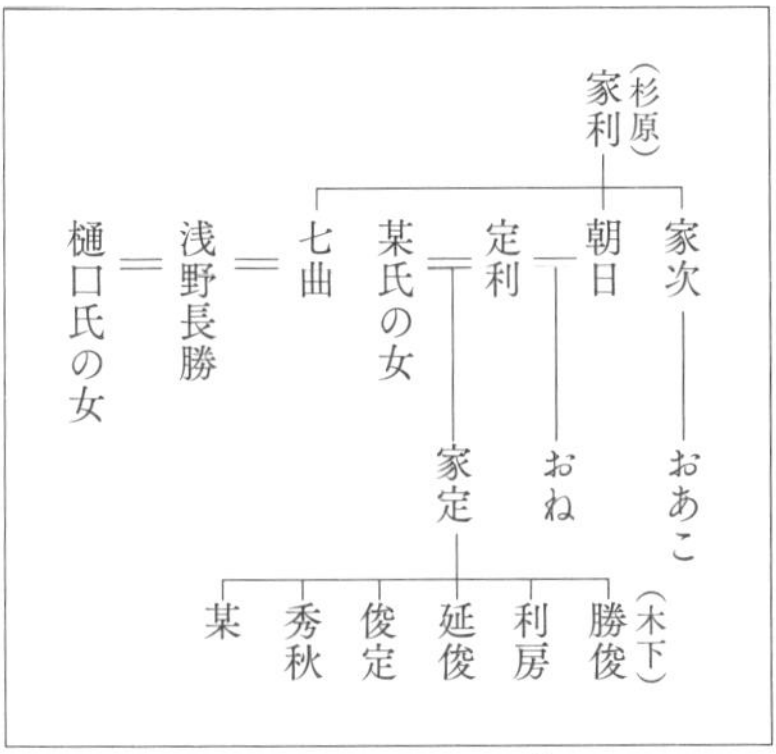

杉原（木下）・浅野氏関係図（『北政所おね』ミネルヴァ書房、7ページをもとに作図）

　そこで、『武功夜話』で、林孫兵衛を追跡してみよう。浅井長政との戦いの時の横山城に詰めた内輪衆として、御大将木下藤吉郎のもとにトップで、木下小一郎（御舎弟）、浅野弥兵衛《やへえ》（尾州出の者）、林孫兵衛（同断）とあり、その後も林孫兵衛として名前がしばしばみられる。また今浜（長浜）に領地を与えられた者として、「一、杉原七郎左衛門羽柴御内尾張衆壱千二百石　一、木下小一郎羽柴御内尾張衆八千五百石　一、杉浦（「原」の誤りか）孫兵衛尉羽柴御内尾張衆三千二百石」、以下、羽柴御内として、三輪五郎左衛門、三輪次郎兵衛（三好吉房《よしふさ》）、浅野弥兵衛尉とある。秀吉が一向一揆と戦っていた柴田勝家の応援に駆けつける直前、杉原孫兵衛尉、浅野弥兵衛尉が上洛のお供をしたと記されている。このように、林孫兵衛は杉原孫兵衛と書き改められており、秀吉の身内衆として、側近に仕えていたことがわかる。孫兵衛が妻おねの兄であり、弟小一郎やおねの義理の弟浅野弥兵衛（長政）、秀吉の姉の夫三好吉房と同列にあつかわれていることからみても、杉原家定と林（杉原）孫兵衛は同一人物であるということがほぼ容認されるのではなかろうか。

藤吉郎とおねが結婚したのは、「木下家譜」によると、永禄四年とあり、これが通説になってきた。またこの結婚には、母朝日が、身分の違いと恋愛結婚であったので強く反対したともいわれている。そこで、田端氏は、「親類として親しい関係にあった浅野家が、おねの実母の反対を見かねて養女として結婚させたものとも考えられる」と述べている。ところが、先にみたように、『武功夜話』は、実父林弥七郎が、浮野の戦いで戦死し、孤児になった兄妹を、浅野長勝が養い、おねを養女にしたと記しているが、養女と結婚問題の関係については触れていない。どうやら浅野家に育てられ養女になり、その後、兄とともに、あるいは兄孫兵衛のみが杉原家の養子になったと、『武功夜話』の記述からは推測できるのではなかろうか。あるいは、杉原孫兵衛にかなりのちに、木下家の系図上の処置として、木下家定をあてはめたと考えるのもあながち見当はずれの憶測として否定できないかもしれない。

また、『武功夜話』には、「木下藤吉郎様、百人組頭と相成るに及び一家を興するに、又右衛門養女於祢殿に日夜執心あり。偕老同穴《かいろうどうけつ》、目出度く鴛鴦《えんおう》の契りを結び一家をなすなり」ともあり、ここでも恋愛結婚だったようだが、結婚の時期は、藤吉郎が「百人組頭」になってからとしている。彼が足軽鉄炮隊百人組頭になったのは、『武功夜話』によると信長の小牧山城築城の直後のようで、永禄六年（一五六三）ないしは七年のことだ。東美濃の攻略を任された藤吉郎が、川並衆の協力を取り付けようとして、信長から五十貫文の俸禄を与えられたが、あなた方にはなにも報いられないと嘆く場面があるように、組頭に出世しても、出費は多く、窮乏生活を送らねばならなかったようだ。だから結婚式も、土間に簀掻藁《すがきわら》を敷きその上に茣蓙《ござ》を敷いて式場とし、結婚衣装は信長の左義長《さぎちょう》の旗を縫い直したものだったと『祖父物語』が描くようなつつましいものだった。しかし貧乏ではあっても、今や百人組頭に出世した藤吉郎との結婚を、身分違いだといって母朝日が反対したというのは、どうも理解しがたい話に思われる。

第8章　小牧・長久手の戦いの疑問を解く

1　小牧・長久手の戦いの二つの疑問

本能寺の変の実行者、明智光秀を倒し、清須会議（織田家の家督相続と遺領の配分）で主導権を握った豊臣（羽柴）秀吉は、賤ヶ岳の戦いでも最大のライバル柴田勝家を自滅に追い込み、破竹の勢いだった。その彼が、はじめて挫折感を味わったのが、小牧・長久手の戦いだ。その結果、信長の目指した天下布武の政権構想は変更を余儀なくされたといわれている。

その小牧・長久手の戦いの概要を、要領よくまとめられている『戦国合戦事典』（小和田哲男　三省堂）で、なおかいつまんで、引用してみておこう。

①小牧の戦い

「天正《てんしょう》十一年（一五八三）の賤ヶ岳の戦いごろまでは、羽柴秀吉と徳川家康は友好関係にあった。ところが、秀吉の力が日ましに増大していくのをみて、また、三男信孝を殺し、織田氏の力を弱体化させていこうとする秀吉の動きをみて家康は、いつか秀吉と戦わなければならないことを考えていたようである。しかし、秀吉の力が急速に伸びたため、家康一人ではそれに対抗することはできなかった。天正十二年三月六日、織田信雄《のぶかつ》が三人の家老を誅伐するということがあった。津田雄春《かつはる》・岡田重孝《しげたか》・浅井田《た》宮丸《みやまろ》の三家老が秀吉に通じていたというのが理由であった。家康は三月十三日に兵を率いて清洲に行き、信雄の軍と合流し、軍議を練った。ところが、美濃（岐阜県）の池田恒興《つねおき》が予想に反して秀吉についてしまったため、家康・信雄連合軍の目論見は完全にはずれてしまい、さらに、恒興は犬山城を落としたのである。この時、秀吉軍十万（一説に八万）に対し、家康・信雄連合軍は三万（一説に一万六、七千）で、圧倒的に劣勢であった。しかし家康は小牧山（小牧市八幡前）を修復してそこに本陣を置いた。三月十七日、秀吉方の森長可《ながよし》が功を焦って尾張（愛知県）の羽黒に陣を進め、そこで家康の部将酒井忠次《ただつぐ》と戦い、秀吉方が敗れて退いている。そのころ、秀吉本人はまだ大坂（大阪市）にいた。しかし、羽黒での敗戦の報を耳にすると、急遽尾張へ出馬することになり、大軍を率いて犬山城に入り、さらに二十八日には家康の本陣小牧山から二〇町（約二・二キロ）ほどへだたった楽田《がくでん》に布陣したのである」

勝入塚（長久手古戦場跡）

②長久手の戦い

「小牧の戦いでは、秀吉軍は軍勢的に圧倒的有利でありなが

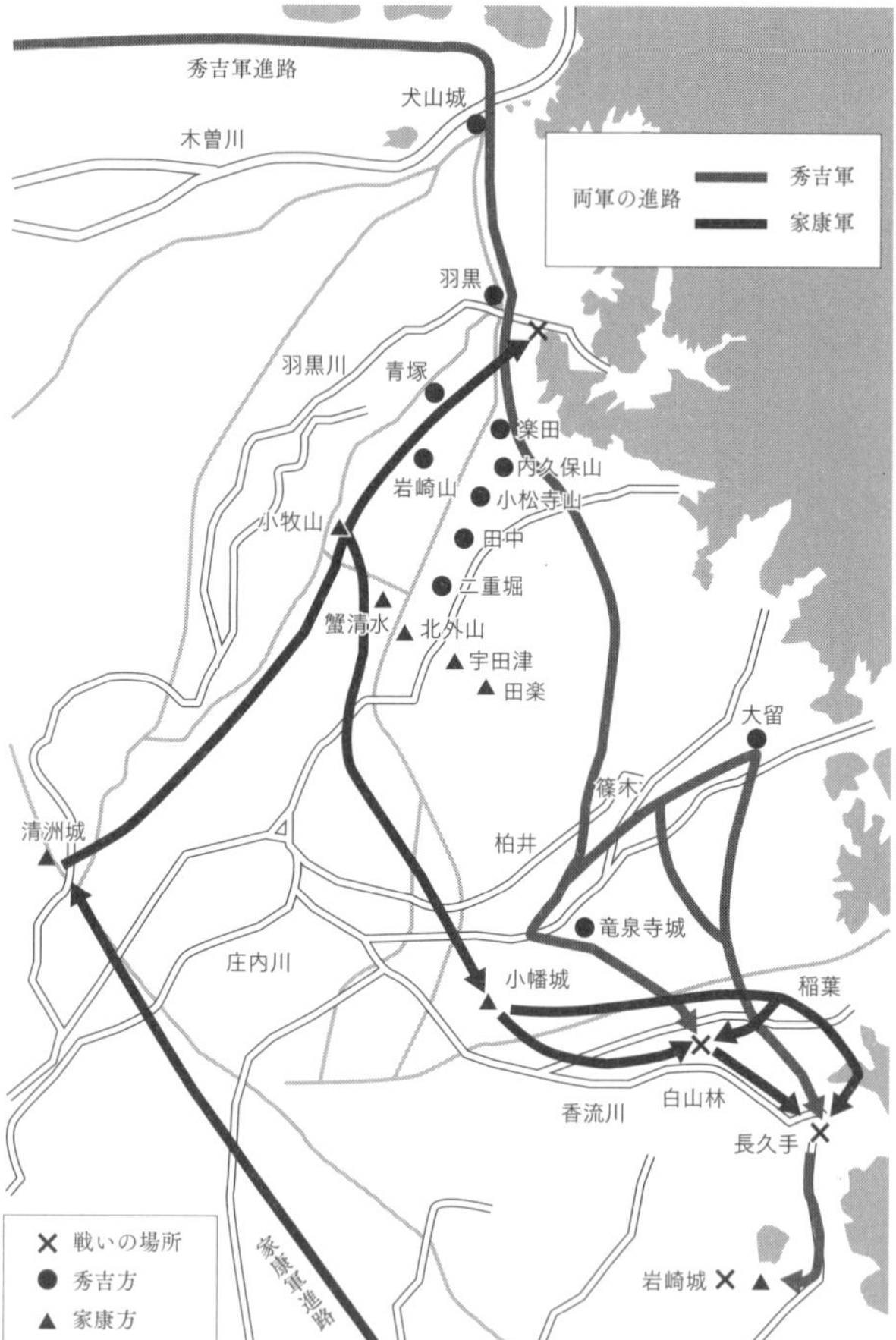

小牧・長久手の戦い全体図（新行紀一監修／長久手市教育委員会編集『劇画　小牧・長久手の戦い』長久手市、115ページをもとに作図）

ら、敵地に入りこんでいるという点で、下手をすると後方との連絡が断たれる危険があり、家康・信雄軍は、地の利はあるが劣勢であり、どちらも手を出せない膠着状態のまま日が経過していった。四月に入り、次第に焦りの色をみせてきたのは秀吉方である。とりわけ、羽黒の陣で面目を失った女婿森長可の名誉挽回を考えた池田恒興は、『家康を小牧山に釘づけにしている間に別働隊が三河（愛知県）を攻め、家康の本領を攪乱すれば勝てる』と秀吉に進言した。秀吉は、はじめこの案には賛成でなかったが、甥の秀次《ひでつぐ》までもが『自分がその大将になりたい』と志願したため、ついにそれを許可した。四月七日、秀次を大将とし、池田恒興・同元助《もとすけ》・森長可・堀秀政《ひでまさ》らは一万六千の軍勢でひそかに南下し、三河に向かった。ところが、この別働隊の動きは家康の知るところとなり、家康自身もひそかに小牧山を出、矢田川の北岸の小幡《おばた》城（名古屋市守山区西城町）に入り、翌九日午前八時ごろ、先発隊の榊原康政《やすまさ》らの軍と連絡をとりつつ、秀次軍を挟み撃ちにした。秀次軍は全く予期していなかった家康軍の待ち伏せによって崩れ、池田恒興・元助父子をはじめ、森長可も戦死。大将秀次は命からがら逃げ帰るという結果になった。この時の戦いで秀次軍に一千五百余、家康軍に五百九十余の犠牲者が出たという。秀吉は何らなすところなく、再び持久戦にもちこまれてしまった。そこで秀吉は、まず信雄と講和を結んだ。秀吉と信雄が和睦してしまった以上、家康には戦いを続ける名分がなくなり、十一月二十一日、兵を浜松城にもどしている」

そこで二つの疑問だが、一つは、①の小牧の戦いというより、この戦い全体の発端となった信雄の三家老殺害事件についてで、ここでは、「秀吉に通じていたというのが理由」とあるが、いったいどのような状況のもとでなぜ殺害したのかということ。もう一つは、②長久手の戦いで、池田恒興が進言した、「家康の本領を攪乱《かくらん》する」作戦、これを、「三河中入り」作戦というが、秀吉がこの危険な作戦をなぜ許諾したのかということである。

2　三家老は謀反を企てたのか

三家老の殺害について、『太閤記』（新日本古典文学大系）はどのようにいっているのか。

天正拾二年三月三日、於尾州長嶋之城《びしゅうながしまのしろにおいて》、津川玄蕃允《げんばのじょう》（略）、岡田長門守（略）、浅井田宮丸（略）生害《しょうがい》せさせ給ふ。其起《そのおこり》は秀吉より、此三人は、武略兼備りたる者なれば、懇に事問かはす事多して、其聞え目出侍《めでたく》れば、つねぐ寵《ちょう》を争ふ近習折を得、逆意有やうに沙汰せしに依てなり。

三人が秀吉に通じていたと断言するものもあり、信雄自身も書状でそういっているが、ここでは、「懇に事問かはす事」、つまり心をこめて頻繁に交際していたのを、近習たちが「逆意」

あるように、信雄に訴えたためだといっている。他にも、「念比《ねんごろ》（懇ろ）」、「悃《こん》志（まごころ）ヲ尽」したなどと、もちろん秀吉に下心あってのことだが、熱心に三人に接近を試みたとしているものもある。

このあと、『太閤記』は、岡田長門守が城主の星崎城（名古屋市南区）の動揺と騒動に筆を移すが、『小牧御陣長湫《ながくて》御合戦記』や『戸田本三河記』のように、三家老の殺害状況まで描いている軍記もみられる。しかも、後者は、秀吉が信雄との和睦の意志を、「悃志ヲ尽」して熱心に説いたので、三人は血判をすえた誓紙をもって信雄との斡旋を引き受けたが、信雄は承知せず、かえって謀反をたくらむ者だときめつけて三人を殺害したとするユニークな説を取り上げている。また両書とも、三月三日（六日）に勢州長島で、岡田長門守を土方《ひじかた》彦三郎（勘兵衛）、津川玄蕃允を飯田半兵衛、浅井田宮丸を森源三郎（久三郎）に命じて、城内の矢倉で誅伐したことまで書き記している。

それでは、『武功夜話《ぶこうやわ》』はこの事件をどのように描いているのだろうか。以下、やや詳しくみていこう。

『武功夜話』は少しさかのぼって、秀吉暗殺計画というショッキングな事件から始まる。大垣城（岐阜県大垣市）主池田勝入《しょうにゅう》（恒興）の仲介で、天正十二年（一五八四）正月九日十時に秀吉と信雄が、近江の園城寺《おんじょうじ》（滋賀県大津市）で会見する運びとなった。しかしこの時、織田家の家督を継いだ岐阜城の三法師が安土城（同彦根市）を訪れることになり、会見の場所が安土城に変更された。秀吉は、この機会に信雄とともに年賀の挨拶を申し上げようと提案してきた。謁見の場所は、城内ではなく馬場先の広場でとの秀吉の申し入れに、信雄は癇癪《かんしゃく》をおこし機嫌が悪かったが、池田の説得でしぶしぶ承諾した。ところが、筆頭家老の滝川三郎兵衛は、秀吉の数々の約束違反をあげて、これこそ絶好のチャンスだと秀吉暗殺を主張した。三家老をはじめ三十有余人の重臣が夜を徹して議論したが、今回は、秀吉方の出方を見守るべきだとの結論に達した。しかし、滝川は譲らず直訴したので、信雄はそれを採用し、暗殺を命じた。暗殺作戦が準備されたが、そこは百戦錬磨の秀吉のこと、安土城内の異変を察知し、安土にはやって来なかった。浅野弥兵衛・富田・桑山を使者として、会見の一日延期と書院への変更を申し入れた。信雄もそれをのまざるを得なかった。翌日、秀吉は二千有余の勢を配置して、安土城惣門前に到着した。城内に使者を遣わし、我々は陪臣《ばいしん》なので御前までの付き添いはできないゆえ、警護の人数を差し向けてもらいたいといわせた。秀吉の逆襲に、三家老が迎えに出る羽目になってしまった。岡田が挨拶し案内した。ところが、門を入るやいなや、加藤・福島・糟屋・片桐などの近習が制止もきかず押し入ってきた。家老たちは取り付く島もなかった。そのあと蜂須賀・前野・浅野の重臣衆が若者の若気の至りの暴挙だったと謝罪した。この一部始終を信雄に報告すると、今日の会見は、見合わせるといって奥殿へ逃げ込んだ。結局、この暗殺計画は失敗に終わり、秀吉は悠然と坂本城に帰っていった。

秀吉はすかさず次の一手を打った。富田知信《とものぶ》を勢州松坂の津川玄蕃允のもとに派遣し、秀吉が大津まで出向くので、筆頭家老の滝川とともに三家老とそこで会見したい旨申し入れさせた。両家の和睦のためとの理由だったので四人は、さっそく翌日、江州の勢田城へ出向いた。翌朝九時、挨拶のため大書院に入ると、上座の秀吉は、威風堂々と三十有余人の諸将を従えていた。四人は気をのまれ満身の力が抜けていくようだった。その翌日、再び四人が呼び出された。

両家幾久しく成る様神文誓紙《しんもんせいし》の儀、この場において願わしく存ずると、熊野神文に墨付け（署名）促し候なり。滝川三郎兵衛殿予期せざる出来《しゅったい》に付き、津川、浅井、岡田の三人に伺い候ところ、この誓紙の件々は兼ねて了承候如き様子に付き、一まず御前を罷り退り三家老に問い糺《ただ》し候ところ、三人共に意外の面差《おもざ》し（顔つき）に候なり。すでに昨日順々に面談候折、各々方誓紙の件納得候と聞き及び候。筑前公（秀吉）、三法師君不変の忠節の心実心に候、しからば主家のためにも、織田の家のためにも、大慶この上なしと存知了承候なり。

三家老が異口同音にいったので、滝川はさながら物の怪《け》に誑《たぶら》かされたような心地がしてしばし呆然とした。自分はとうてい納得できないと激昂《げきこう》し、三家老を罵り、席を蹴って尾張に帰ってしまった。三家老は、秀吉の巧みな策略にはまり、滝川にもまた他の家老にも確かめず、それぞれが勝手に他も承服したと思いこんで誓紙の提出を約束した。秀吉の威勢を恐れたのか、巧みなことばに騙されたのか、ここからは読み取れないが、三家老が意識的に秀吉に通じたのではなく、まして信雄に謀反を企てたものでもない。主君信雄にも織田家にもよかれと思ってとった行動が、裏目に出てこのような結果を招いたと、『武功夜話』は語っている。滝川はこの始末を信雄に報告した。信雄は激怒し、即刻、登城を命じた。事の重大さに驚いた三家老は自分の城に立て籠もった。それが謀反の意志表明とみなされたのは当然のことだった。

信雄から三家老に誤解だったとの謝罪と、上巳《じょうし》の節句にことよせて、長島城へ出仕するよう召し出しがあった。もともと無実の彼らは喜んで登城した。しかしこれは謀計だった。その日は天気もよく、桃の節句でもあり、信雄は彼らを十分に供応したあと天守に案内した。すでに刺客が配置されていた。瞬時のうちに、津川を土方勘兵衛が、浅井を森久三郎が、少し手間取ったが、岡田を飯田半兵衛が討ち取った。

長島城の三家老闇討ち事件は、その日のうちに、伊勢、尾張の国中へ伝わり騒然となった。いよいよ羽柴と北畠（信雄）の対決は避けがたいと、家来衆は続々と長島に集まり、人馬で城下はあふれかえった。

3　田宮丸の母の嘆き

三家老殺害事件の余波の一端として、『武功夜話』は、悲痛な話を書き残している。

浅井田宮丸は尾張の苅安賀城《かりやすか》（愛知県一宮市）の城主だった。森久三郎は、田宮丸を討ち取った論功行賞により同城を与えられ、接収に赴いた。すでに家臣は離散し、田宮丸の母と老人・女ばかり十二、三人が城を守っていた。田宮丸の母は、

> 田宮丸儀、いまだ若年十六歳不憫《ふびん》に候なり、新八郎亡き後相育てるなり。諸人に後れ取る間敷く武辺道の嗜み努め怠らず心に相懸け、暫《ようや》くにて御用にも相叶うと存知候ところ、あらぬ謀反の汚名を着せられ討ち取られしはなさけなや。

と嘆き訴えた。主君の命を果たして一城を賜り、意気込んでいた彼には思いもかけない事態だった。老母はなおも嘆きつづけた。その嘆きの声をもう少し原文で聞いてみよう。

> 亡き新八郎儀、信長公の旗下に参じ諸国出入り（戦い）駈け廻り、立てたる高名際限なし。黒母衣組《くろほろぐみ》に加え入れられ当城を下し置かれ御厚恩を蒙り候の名誉大方ならず、なお忠義励み候も武運拙く相果て候。しかるに候もこれ武門の習い野に白骨をさらすを徒らに悲しむに非ず、一子田宮丸の元服を相待ち長島へ出仕、諸人に後れ取る間敷く御家三代の御厚恩に報ゆるべく申し聞かせ候。しからば逆心不忠の心さらになし、殿の御馬前において手強

き敵に渡り合い討ち取らるとも、平安にして百歳の寿《よわい》を全くするよりは然らずなり。しかるに弱冠十六歳逆臣の汚名を蒙り我に先立つはうらめしや。

久三郎はこの哀願に、いくら主君の命とはいえ、逆心を抱くはずもない若者に、自分はいったい何ということをしたのか。後悔と絶望の思いが彼を襲った。同時に主君信雄に対する不信の念がふつふつとわいてきた。ところが、それに追い討ちをかけるように、人質を出せという命令が彼のもとに届いた。差し出すべき質子は三歳のいたいけな娘しかなかった。彼は絶望のあまり、城主の座も投げ捨てて苅安賀城を逐電、在所前野村にひそかに戻った。

前野村では、久三郎の行動は、主君信雄の疑惑を募らせ、本人だけではなく、お咎めは我ら一族に及ぶにちがいないと、孫九郎雄吉《かつよし》、生駒八右衛門、父親の森甚之丞《じんのじょう》の長老たちが善後策を協議した。しかし、人質の要求は我らにもあり、すでに清須に出してある。この度の上方との戦いはお家の浮沈にかかわる重大事で、殿（信雄）も不安に駆られているのだろう。いかに困難でも、君臣の道は守らねばならない。しかし徳女（久三郎の娘）はまだ三歳、かたわらに母親がなければ過ごせないと、思案に暮れていた。その時、甚之丞が、この七十過ぎの老骨が人質になろうと申し出て、この難題をなんとか切り抜けた。

久三郎は墨俣築城の折、『武功夜話』の編著者雄翟《かつかね》の父雄善《かつまさ》とともに初陣をかざった従兄弟の太郎だ。のちに勘解由《かげゆ》雄成《かつなり》を名乗る。甚之丞は前野氏の娘を妻とし、雄吉とは義理の兄弟だ。

信雄の母親は吉乃で、生駒八右衛門は伯父にあたる。このような血縁関係に結ばれた家臣たちは、老いを迎えて、ジレンマに陥りながらも、不安をぬぐえない信雄を支えていかねばならなかった。『武功夜話』は、小牧・長久手の戦いのもたらした彼らの苦悩や田宮丸の老母の嘆きを、あますところなく後世に語り伝えている。戦国時代を描いた軍記のなかでもまれな例だといっても言い過ぎではなかろう。

4　秀吉はなぜ「三河中入り」作戦を認めたのか

二つ目の問題、「三河中入り」作戦についても、『太閤記』でみていこう。少々長いが原文を引用する。

> 池田、家老の面々を呼寄謀りけるは、小牧山之勢、逐日《ひをおって》重なりぬると見えたり。然間、三川（河）には人数も曾て有まじきか。いざ此すき間を幸に、三州至て中入し、国中在々所々放火せん。さる程ならば小牧山に有し、遠三二州の勢、可及敗軍事《はいぐんにおよぶべきこと》、掌を指が如くなるべし。其旨秀吉に相議し、三州表発向せんと思ふはいかに、面々思ふ所あらば聞候はん、と被申《もうされ》けり。何も宜しくおはしまさんと云しかば、即卯月四日の夜、犬山御本陣へ参、其

旨かくと望みしかば、秀吉つくぐ〵と御思惟（考え）有て、明日一着（一番）御返事有べきとて、先勝入（池田恒興）をば帰し給ふ。五日の早朝に池田又秀吉卿へ参、此興業（行動）今明日相延候はゞ、首尾相違いたすべく候。其子細、篠木柏井の一揆（地侍集団）を駆催し、村瀬作右衛門尉を一揆大将とし、森川権右衛門、要害に入置候はんあらまし（前もっての報告）なる由、篠木より告知する者有と申上しかば、秀吉 尤《もっとも》なりと同じ給ふて、明日六日打立、東三河を少々令放火《ほうかせしめ》、やがて（すぐに）引取、篠木柏井に両城を拵《こしら》へ、一揆原《ばら》（輩）に多くの扶持方など扶助し、毎夜敵の在々へ夜討を入、おびやかす程ならば、尾州半国は味方に属し候べし。必敵を侮候な、まばらがけし侍るなと諫めて、勝入を帰し給ふ。

これが、「三河中入り」作戦の提案と採用のいきさつで、「秀吉尤なりと同じ給ふ」以下で秀吉の意図も記されている。「羽黒の陣で面目を失った女婿森長可の名誉挽回を考えた」（本章1節②長久手の戦い）池田恒興のあせりと、一晩考えぬいた秀吉のねらいがかなり食い違っていることなどいろいろ問題があるが、ここでは、いったんは保留した秀吉が、結局、この作戦を許諾した、その理由にしぼって考えてみよう。

秀吉の陣地（楽田《がくでん》）から部隊の一部を割いて、家康の領地三河を攻めれば、小牧山の家康もやむを得ず動く、そこで膠着《こうちゃく》状態を崩そうというのがこの作戦のねらいだ。楽田から三河へはどのようなコースを進むのか。現在の地名でいうと、楽田の犬山市、そして小牧市、春日井市、名古屋市守山区、同名東区、長久手市、結果的には日進《にっしん》市の岩崎城までとなる。右の文中の「篠木・柏井」は、春日井市になる。その当時、「篠木・柏井」は、『信長公記』に、「信長の御台所入の御知行篠木三郷」とあるように、信長織田家の直接支配する領地（直轄地）で、信長亡きあとは信雄の領地だ。つまりこの作戦は無謀にも、秀吉軍は敵地を通過しなければならないことになる。秀吉が熟慮したのも当然のことだ。それがわかっていながら、なぜ秀吉はこの作戦に踏み切ったのか。江戸時代の見方を少しみておこう。

まず秀吉の伝記。『川角《かわすみ》太閤記』は、急に秀吉が岩崎を通って家康のいない岡崎を攻めるように命じたもので、この作戦は彼自身の考えによったものだったとしている。『豊鑑《とよかがみ》』は、四月七日、秀吉の方から池田勝入ら四人に、二万余騎の軍勢で、楽田から東の山に沿って小牧の陣地を右にみて篠木・柏井にかかり三河国に侵入し、後方を攪乱せよとの命令が下ったとしている。また『豊臣記』は、ある人が自分を大将にしてくれるなら、岡崎城を攻めましょうというと、秀吉はおおいに喜んで、勝入を呼んで相談した。勝入は剛勇の武士だったのでこれを引き受けたとなっている。このように、初期の代表的な秀吉の伝記では、この作戦は秀吉の発案によるものとみている。だから許諾の理由を詮索するつもりはまったくない。それでは池田側はどうであろうか。『池田家略記』には、「羽柴殿（は）能く能くぞ謀り候と答へて、護国公（恒興）をかえさる。明れば五日の朝、護国公また秀吉の陣にまゐられ、徳川（が）、篠木・柏井之郷人等を催し、彼ほとりに要害かまへて軍勢こむ（籠む）べしと承る。道のふさがらぬ内に三州に向かはゞやとありしかば、」とあり、恒興の提案だったと述べているが、秀吉がなぜ認めたかについてはここでも触れられていない。

この点について、明治以降、現代まではどのようにみているのだろうか。

明治四十一年（一九〇八）の陸軍参謀本部編の『日本戦史　小牧長久手の役』には、「秀吉遂ニ勝入の請を容レ」と、ここでも許諾の理由はみられない。そこで最新の説、本章1節で紹介した『戦国合戦事典』の筆者小和田氏の見解を、『戦争の日本史　秀吉の天下統一戦争』（吉川弘文館）でみておこう。

「翌五日、再び池田恒興が秀吉に再考を促してきたのである。秀吉は秀吉で、恒興には気を遣わなければならない立場にあったことも事実である。ここまで、まずまず順調に推移してきたのは、恒興が早くに犬山城を落としたからであり、もっとたどれば、清洲会議のときの恩義もある。二度までいってきた恒興の進言をむげに退ければ、恒興の心証を悪くすると考えていた。また、いまの戦線膠着状態を何とかしなければという焦りの気持ちも生まれていた。そこで、甥の秀次が、恒興の作戦を聞き、『自分がその大将になりたい』と志願してきたのである。秀吉も、やや不安な思いは抱きながら、その作戦の実行を許可することになった」と状況説明がいくぶん詳しくなされているが、羽黒の敗戦の雪辱を期す恒興の熱意と秀次の懇願、秀吉の恒興への配慮がその理由にされており、やはりはっきりしたことはわからない。

5　『武功夜話』で疑問が解ける

「三河中入り」作戦を、秀吉が認めた理由は、現在にいたるまではっきりしない。いったいなぜなのか。それは、一九六ページの『太閤記』の引用文の中の「其子細、篠木柏井の一揆を駆催し、村瀬作右衛門尉を一揆大将とし、森川権右衛門、要害に入置候はんあらましなる由、篠木より告知する者有と申上しかば、秀吉尤なりと同じ給ふ」の文章の意味がよくわからなかったからであろう。はっきりいって唐突な感じがするのは事実だ。「篠木・柏井」は春日井市の地名、村瀬・森川は、それぞれ春日井市大留《おおどめ》町、上条《じょうじょう》町の地侍だが、まったくなじみのない地名や人名だ。ただ前節でいったように、地名から織田家の直轄地を耕作する領民のリーダーたちだということは容易に気がつく。ところが、村瀬を大将とする農民たちから森川を「要害」にあらかじめ入れておくとの報告があったので、秀吉は判断しかねていた作戦にゴーサインを出した。それはいったいどうしてなのか、いぜん疑問は残るし、いろいろな解釈も生まれる。小牧・長久手の戦いの記録や軍記のほとんどが『太閤記』の影響を受けているのに、この記述を無視するか、あるいは秀吉軍の行動を告げ知らせる農民や商人がいたとするのが一般的だ。前節の『池田家略記』のように徳川軍が篠木・柏井の農民を動員して、進路の途中に要害を構えて進軍を妨げないうちに三河に軍勢を進めたいという意味に受け取っているのは、ごくまれな例だ。

　しかしこれはやむを得ない。ここまで読んでいただいた読者は気がつかれたと思うが、これは、『武功夜話』の世界なのだ。『武功夜話』が視野に入っていなければ、秀吉が決断した真意はわからないのだ。

　それでは、『武功夜話』はその真相をどのように描いているのだろうか。

　秀吉軍は、二重堀《ふたえぼり》の取出に日根野備中守二千五百余人、小松寺山の取出に丹羽五郎左衛門八千余騎で、我らの前方に陣を据えていた。二重堀より小松寺、岩崎山に向けて、鹿垣《ししがき》を結い回し、両軍の篝火《かがりび》はさながら真昼のようだった。家康の小牧山本陣では、池田・森が柏井に乱入したのを知らなかった。ただ、秀吉が楽田に本陣を構えたのを見て、全軍に厳戒体制をとるよう命じた。


　村瀬作左衛門、森川権右衛門、石黒松は柏井に相留り、池田の陣所へ罷り越し同心候如く取りつくろい雑兵《ぞうひょう》ども乱暴狼藉《らんぼうろうぜき》有間敷様願い出で、兵粮等持運び合力、何れを攻める哉よくよく見極め、この大軍三州中入り見定め石黒松注進に及び候なり。池田父子先陣と相成り、四月九日暁天に三州祐福寺道に出でるべく村作左殿道案内をもって仰せ付けらるなり。

大留の村作左どのより注進は、先手の池田勝入、森武蔵の一万有余人、今宵亥の四ツ刻大留邑《むら》下の瀬より吉子（吉根〔きっこ〕）へ渡り、これより猪子石《いのこし》、岩作（やざこ）、岩崎を経て三州へ討ち入る由、すでに陣所を引き払いおのおの具足を着し支度候と申し伝え候なり。石黒松、前野新蔵両人の者、小牧山の北畠信雄卿の御陣所へ駆け入り候は、八日酉六ツ半（午後七時ごろ）の頃合いに候なり。右は親亀斎存命中に新蔵より申し聞き候事。信雄卿より右の注進聞き給い、家康公両名より詳しく柏井表の出来《しゅったい》相分り申したと申され、酒左殿に小牧山の留守を仰せ付けられ、御自身御出馬の号令ありて御出馬候なり。

村瀬・森川・石黒が池田の陣所に赴き、池田に服従の態度を示して、まず雑兵の乱暴狼藉を制止してくれるようお願いした。そのうえ兵糧の運搬を引き受けた。その間、池田軍の「三河中入り」を確認し、石黒が小牧山に「大留の村作左どのより注進は」以下の報告をした。先陣の池田父子は、四月九日の明け方に三河に向かって、祐福寺道（愛知県東郷町）に出るので、道案内をするよう村瀬に命じた。

これは、亀斎《きさい》（親雄善）が存命中に、使者をつとめた前野新蔵から聞いた実話で、これらの行動や報告は、実際におこなわれたことだ。信雄支配下の彼らが池田の要請をいれ道案内をしつつ、池田軍の目的と進路を探り、それを信雄に報告したのだ。一言でいえば、やむを得ず面従腹背の態度をとったのだ。しかもこれは、あらかじめ考え抜かれた作戦だった。この行動は、池田軍を欺くことだけが目的ではなく、「雑兵の乱暴狼藉」を回避するための彼らの死活にかかわる問題でもあった。

これによって、『太閤記』の「其子細……」の意味をはっきり読み解くことができたと思う。秀吉を納得させたのは、池田が敵地の通過は可能であると、つまり信雄領の地侍が寝返って通路を確保できる見通しができたと説得したことによる。もちろん秀吉も独自の情報網を持っていただろうし、「乱暴狼藉」を阻止する禁制《きんぜい》を求めてくるのは想定していたであろう。しかし、織田三代の恩顧の絆の強さを、池田恒興を引き留めるために、軽視したのが命取りになってしまった。

『武功夜話』は、「聞書」・「覚書」・「日次記」や書き残された記録類をもとに編纂・執筆されたものなので、どうしても記事が断片的だったり重複や繰り返しがさけられない。小牧・長久手の戦いの記録もその例にもれない。しかも、前野雄善は、伊勢から加賀の井に派遣されていて、長久手の戦いを直接体験していない。そこで、この戦いについては、編著者雄翟が、その地の地頭織田氏に「天正長久手記」を借用して、合戦の記録に代えている。それを要約してこの間のいきさつを紹介しておきたい。

四月七日夜中の二時ごろ、篠木・柏井三郷は、四、五万と思われる大軍に襲われた。村瀬はただちに、一揆勢を解き放ち上方勢（秀吉勢）に降参するようにみせかけて、前野新蔵門、石黒松を田楽《たがら》取出から小牧山の陣所に走らせた。上方勢は意外にも諸郷が平穏なのに安心した。

一揆勢の頭領、村瀬、森川が白旗をかかげ恭順な態度なのを見計らって、使者を遣わし、我らに合力すれば柏井三千貫文を与えるといって、乱暴狼藉・作毛薙《さくもうな》ぎ（農作物を刈り取ったり焼き払ったりすること）停止の高札を立てた。新蔵と石黒は、柏井の異変を小牧山の信雄にただちに報告した。次の日、村瀬らは池田の陣営に入り、いちおう恭順の体裁をし、道案内を引き受け、合力を申し出て領地柏井三千貫文の証文を頂き、三河打ち入りの経路を如才なく説明し誘導した。川越えの刻限は八日の十時ごろで、長久手から岩崎を通って三河に侵入すると家康本陣に報告した。

他の記録や軍記では要領を得なかった「三河中入り」作戦の内部事情がここでもつぶさに解き明かされており、しかも『武功夜話』と見事に符合する。このようにしてこの作戦は実行され、そしてこのことによって家康軍は勝利したのだ。まさに長久手の戦いの勝敗のカギを篠木・柏井の地侍たちが握っていたといっても過言ではない。

最後に、「天正長久手記」の描く戦国の戦いの非情なエピソードを一つ添えておきたい。

家康への報告を聞いた岩崎城主丹羽氏次は顔色《がんしょく》を失った。自分は地理案内のため小牧山の本陣に詰めている。岩崎城は弟の氏重がわずか三百有余の勢力で守っている。これでは全滅だ。すぐに帰城をしたいと願った。ところが、家康は、心中察するに余り有るが、そうするとこちらの作戦が筒抜けになってしまう。小坂孫九郎（雄吉）の手の者が急変を知らせているにちがいない。岩崎から援軍の要請がこないのは、我が軍の出馬を信じ、力の限りを尽くして切り死にの覚悟だ。舎弟たちの進退は見上げたものだ。ここは思い止まれと家康にいわれ、氏次は平伏してしばし嗚咽《おえつ》がおさまらなかったが、家康を小幡城に案内した。結局、岩崎城の激しい抵抗にあって、秀吉軍は進軍を阻止され、最後尾の秀次軍が壊滅してしまうのだ。

第9章　佐々成政の「さらさら越え」とは何だったのか

1 「さらさら越え」の背景とは

天正《てんしょう》十年（一五八二）六月二日未明、織田信長は本能寺に倒れ、嫡男信忠も二条城で自害した。備中高松城を包囲中の羽柴秀吉は、即刻、毛利と和睦し、世にいう「中国大返し」で、十三日には、明智光秀を山崎の戦いで討ち果たした。

早くも六月二十七日には、織田家の後継者（即天下人）問題の話し合いが清須城（愛知県清須市）でおこなわれた。有名な「清須会議」だ。メンバーは、柴田勝家、羽柴秀吉、丹羽長秀、池田恒興《つねおき》の四人。候補者の次男信雄《のぶかつ》と三男信孝の出席は認められなかった。そこではどのような決定がなされたのか。大村由己《ゆうこ》の『惟任謀反記《これとうむほんき》』によると、信忠の嫡男三歳の三法師を天下の主君とし、信雄を尾張の、信孝を美濃の屋形（領主）に定め、羽柴、柴田、惟住《これずみ》（丹羽）、池田の四人で天下の政治を執り行うことが決められた。また家臣たちに信長遺領地の配分もおこなわれた。

家督を継ぐ資格（同年の二十五歳）のある信雄と信孝の思惑は外れ、信孝を推した宿老《しゅくろう》（家老）筆頭の柴田の意見はとおらなかった。これは、どちらも特段に有利な条件のない二人のライバル争いを利用し、信長の仇を討った秀吉が筋目論（必ずしも長男相続が常識ではないが）で押し切ったのだ。しかし、遺領地配分問題では、織田家本貫《ほんかん》の地を両者に（信雄には伊勢国も）分け与えバランスをとった。信孝擁立を今後の問題として楽観視する勝家には、越前からの通路となる自らの領地長浜（滋賀県長浜市）を、勝家としっくりいっていない養子勝豊《かつとよ》を城主とすることを条件に、譲った。だがこれも秀吉の策謀で、のちには勝豊を誘降し奪い返すことになる。

十月十五日、秀吉は京都大徳寺で、信長四男の養子秀勝《ひでかつ》を喪主に盛大な葬儀を執行した。それは、参列しなかったメンバーとの決別を宣言し、信長の後継者であることを、世間に誇示するものだった。

それ以前、八月には、信孝が岐阜城（岐阜市）に擁する三法師を約束どおり安土城（滋賀県彦根市）に移すよう要求し、秀吉と信孝との対立は深まっていった。勝家は信孝のすすめでお市と結婚し一族に連なり、最長老としての立場上からも、戦いの自負心からも信孝との連携をますます強め、秀吉と一触即発の状況になった。

北伊勢の滝川一益《かずます》の敗報を受け、雪解けを待たずに勝家は天正十一年（一五八三）二月末に出陣し、三月九日には柳ケ瀬《やながせ》（滋賀県余呉町）に着陣した。秀吉も七万以上の勢力で、十七日に江北の木之本《きのもと》（滋賀県木之本町）に到着。しばらく睨み合いになったが、岐阜城の信孝を攻めるため大垣（岐阜県大垣市）に移動した。そのすきをみて勝家の甥佐久間盛政が大岩山の中川清秀を急襲。清秀の討ち死にを聞き、秀吉は大垣から木之本、約五十二キロを五時間で引き返し、「賤ヶ岳七本槍《しずがたけしちほんやり》」などの活躍で、賤ヶ岳の戦いに勝利した。勝家は越前北ノ庄《きたのしょう》城（福井市）でお市とともに爆死した。後ろ盾を失った信孝も、信雄によって尾張内海《うつみ》の野間《のま》（愛知県美浜町）で自害させられた。

秀吉は大坂に築城。信長後継者の地位を世間にアピールした。徳川家康も着々と領地を拡大し、秀吉の独走を阻もうと、信雄との連携に大義名分を求めた。両者の緊張が高まるなかで、信雄が、秀吉にそそのかされて寝返ったと誤解して三人の家老を殺害。それをきっかけに小牧・長久手の戦いが開始された。犬山（愛知県犬山市）と羽黒《はぐろ》（同）で勝敗を分けた両軍は、家康が小牧山《こまきやま》（愛知県小牧市）、秀吉が楽田《がくでん》（同犬山市）に居陣、膠着状態となった。それを打開しようとした「三河中入り作戦《みかわなかいり》」（本書第8章）が失敗。秀吉軍は長久手の戦いに大敗した。家康の手ごわさに、秀吉は直接対決から政治的決着に方向転換する。秀吉の根気強い根回しの結果、天正十二年（一五八四）十一月十五日には信雄が単独で和睦に応じた。織田家擁立の旗印を失った家康も、次男於義丸《おぎまる》を養子として大坂城に送り、講和が成立した。秀吉はすぐに上洛し、従三位権大納言《じゅさんみごんだいなごん》に任ぜられ、関白《かんぱく》として名実ともに天下人となってゆく。

小牧・長久手の戦いの北陸版が末森《すえもり》の戦いだ。能登・加賀の要衝の地を守る末森城（石川県宝達志水町）をめぐる前田利家《としいえ》と隣国越中の佐々成政《さっさなりまさ》の命運をかけた戦いとなった。二人は、天正三年（一五七五）、勝家が北陸方面の司令長官に任命された時、不破光治《ふわみつはる》とともに「府中《ふちゅう》三人衆」としてその配下に属した僚友であった。ところが、賤ヶ岳の戦いで利家は、家族同士が昵懇でもあったので、秀吉陣営に帰服した。あくまで信雄を家督として織田家を守ろうとする成政は敵対せざるを得なくなった。秀吉が長久手で大敗し、大坂城に戻り、家康と政治的駆け引きをしている最中で、戦いの結果は混沌としていた。そのような時に、反秀吉の旗を掲げ、成政は利家に攻撃を仕掛けた。

天正十二年八月二十八日、成政が前田側の最前線、加賀の朝日山砦を攻撃したのを皮切りに、加賀・能登と越中の国境で両軍の小競り合いが続いた。その総決算が末森の戦いだった。成政は九月八日、富山城（富山市）を出陣した。末森城はわずか五百の勢力で奥村永福《ながとみ》が守っていたが、このままでは落城は必至だった。急報を受けた利家は応援（後攻《ごぜ》め）に駆けつけ、背後から成政軍を急襲、壊滅させた。さっそく秀吉に勝利の報告をした。

佐々陸奥守成政之像（古川雪嶺模写、富山郷土博物館所蔵）

勝家が滅び、長年対陣してきた上杉景勝《かげかつ》が秀吉に服従し、そのうえこの戦いで利家に敗れ、成政はまったく孤立してしまった。しかし織田家への忠誠心は微動だにしなかった。信雄擁立のための選択肢はもう家康との連携しかなかった。それを実現するため、厳寒の北アルプス「さらさら峠」を越え、家康に挟撃を強く訴えようと浜松に至ったのが、「佐々成政のさらさら越え」（以下「さらさら越え」）といわれる行動だった。

2 「さらさら越え」はどのように描かれたか

佐々成政は、なにかと話題の多い武将だ。早百合《さゆり》伝説（戦中の不義を疑い側室を惨殺）、黒百合《くろゆり》伝説（北政所《きたのまんどころ》と淀殿《よどどの》の確執）、「さらさら越え」、埋蔵金伝説など、悲劇的な死にかかわるエピソードが多い。早百合伝説・黒百合伝説・「さらさら越え」は、竹内確斎《かくさい》筆、岡田玉山《ぎょくざん》絵による空前のベストセラー『絵本太閤記』（享和《きょうわ》二年〔一八〇二〕完結、有朋堂文庫）によって世に広く知られるところとなった。

それでは、『絵本太閤記』は「さらさら越え」をどのように描いているのか、まずその要点を紹介しておこう。

天正十二年十一月十三日、建部《たてべ》兵庫頭《ひょうごのかみ》をはじめ五十余人を従え、富山の城を出発。「立山の傍《ほとり》更々《さらさら》越に」かかった。ことのほか寒気が厳しく従者たちは一歩も進みかねた。成政は人家を求め、峰によじ登り見渡すと、はるか南の麓に炊煙が見えた。そこでしばらく疲れを休めようと、「巌石《がんせき》に積りし深雪《みゆき》屏風《びょうぶ》を立てたるごとくなるを、主従声を合せ轌《かんじき》に乗てどつと一同に落しけるに、さしも険しき高根より雪もろ共になだれ落ち、麓なる人家の前へ出でたりける」。そこに、五、七軒の廃屋があった。国守の使いで信州諏訪《すわ》に向かう者だと偽り、金銀を与え、

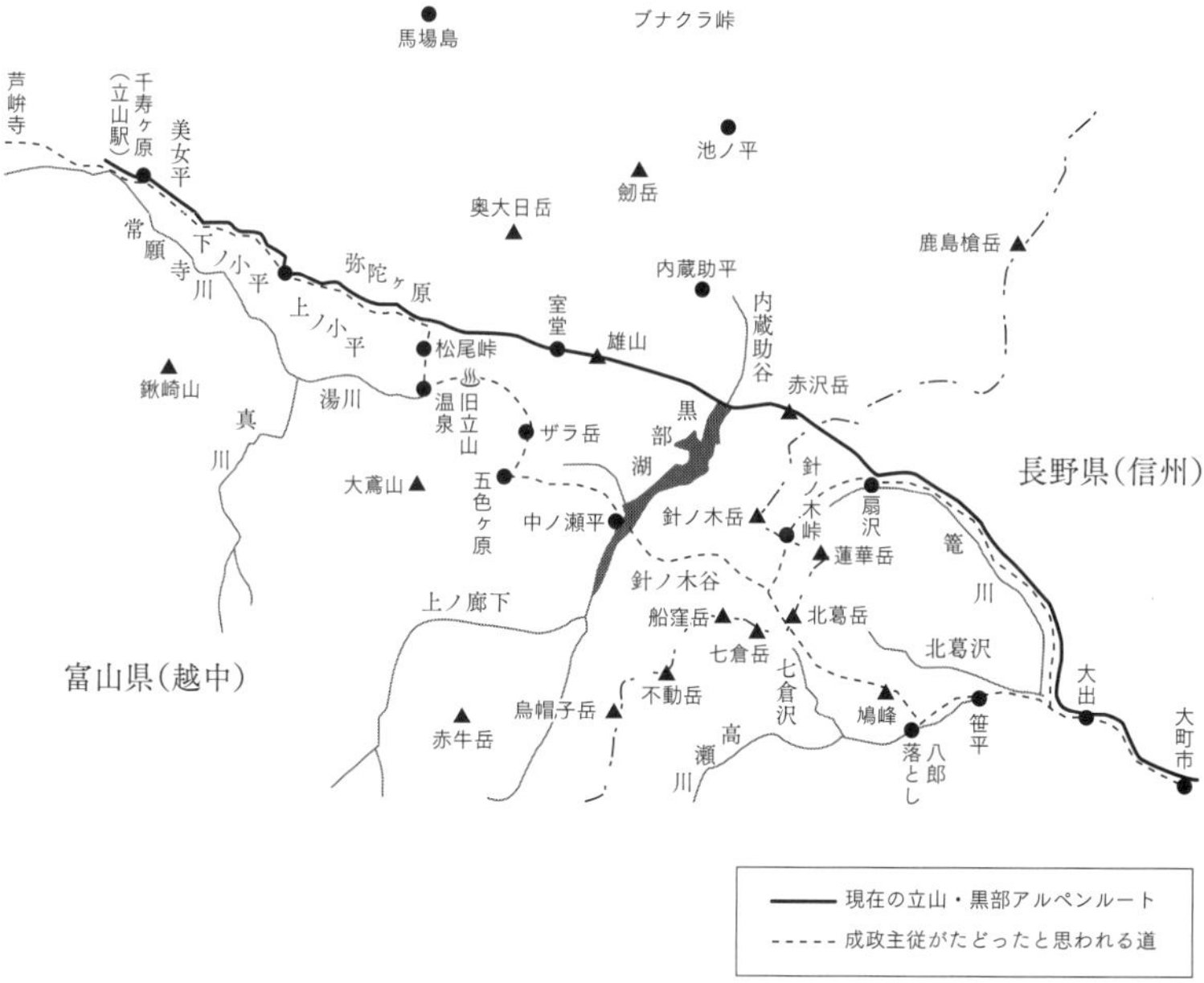

さらさら越えの道すじ（遠藤和子『佐々成政』サイマル出版会、105ページをもとに作図）

凍った米や濁酒《にごりざけ》で寒さをしのいだ。明けると主従は道を急ぎ、「日を経て信州上諏訪に着し」、諸方の大名・小名に、ともに秀吉を攻め討とうと使者を派遣した。それより、「尾州清洲《きよす》に至り、北畠信雄卿に謁し、秀吉を亡し天下を平定して、将軍となし参すべき計略を談じ合せ」、また深雪を踏んで越中富山に帰っていった。

　早百合伝説・黒百合伝説・埋蔵金伝説は、成政のたとえば「非道の猛将」などといったイメージから生み出された噂話にすぎないが、「さらさら越え」にはれっきとした典拠がある。それは、小瀬甫庵《おぜほあん》の『太閤記』である。そこで、

『太閤記』（新日本古典文学大系）の内容を、原文をまじえながら現代語訳で全文を、Ⅰ〜Ⅴに分けてみていきたい。

Ⅰ　そもそも佐々内蔵助《くらのすけ》は尾張春日井《かすがい》郡比良《ひら》の城主だった。その後信長公によって越中の守護に任命された。主君の恩顧を忘れず、信雄卿が小牧・長久手の戦いで秀吉卿と対決した時、信雄卿に味方し、越中で義兵を起こし秀吉卿に敵対した。

Ⅱ　「天正十二年霜月《しもつき》（十一月）下旬、深雪をもいとはず、さら〳〵ごえとて嶮難《けんなん》無双之山路に行迷ひぬ」。これはいったいどこを目指されるのかと従者が問うと、成政は次のように答えた。遠州へ越え行き、家康に面会し、来春には羽柴筑前守《ちくぜんのかみ》を亡ぼし、信雄卿が本意を達せられるよう工作し、帰国しようとしているのだ。あらかじめ汝らに知らせようと思ったが、加賀方に気づかれないようにと配慮し、そうしなかったのだ。富山を出てから十日ばかり、前田はこのことを知らないだろう。ほのかに聞いたとしても、出陣を決定するために五日、用意に五、六日はかかるにちがいないから、往復二十日の間に帰城しようと思っている。その間、自分は病気だと偽って、近習《きんじゅう》や小姓《こしょう》には起請文《きしょうもん》を求め、毎日、食事も用意させ、日常どおりにおこなうように命じてきた。だから急がなければならない。

Ⅲ　雪に慣れない若侍たち百人ばかりを召し連れ、大山の嶺脇によじ登り南を見ると、山下に里があると思われて、煙が立っていた。その煙を目あてに、かんじきというものに乗って勢いよく下って行くと、「真忠《しんちゅう》の心ざしを天感じ給ふにや」、思いのほかやすやすと麓の里に着いた。喜びのあまり案内も請わずに家内に入ると、老いたる樵夫《きこり》は肝をつぶし、変化《へんげ》の者に違いない、人間業ではないと疑った。小姓頭の建部兵庫頭は、そうではない、越中から信州深志《ふかし》へ向かう者だ。一夜の宿を貸し、道案内をせよ、礼をしようというと、安心してもてなした。

Ⅳ　越中外山《とやま》之城を十一月廿三日に出て、十二月朔日午《ついたちうま》の刻《こく》に上之諏訪に着しなり。是より家康へ飛脚を以申達しければ、駿州府中《すんしゅうふちゅう》まで乗馬五十疋《ぴき》、伝馬百疋、迎ひとして被仰付《おおせつけられ》、宿等に至るまで、一として不如意《ふにょい》なる事露もなきやうに、徳川殿さたし給ひしに依て、雪中之苦労を忘れつゝ、十二月四日遠州浜松之城に至り、家康卿へ対面し、羽柴筑前守秀吉を討亡し、信雄卿被達御本意候様《ごほんいをたっせられそうろうよう》に相議し、翌朝打立清洲之城に至て御礼申上、これかれ評議を尽し、則令請暇《すなわちしんかせしめ》、又深雪に山路をたどり〳〵越中に立帰りけり。

Ⅴ　このように義を守り信を厚くしたので、秀吉卿と不和になった。その後、信雄卿と秀吉卿が和睦したので、佐々は甲斐のない義を守り、何事も無駄になってしまった。越中四郡のうち、三郡を羽柴肥前守《ひぜんのかみ》（前田利長《としなが》）が賜り、一郡のみが佐々に与えられた。そのような結果になり、世の虚しさを感じたが、雪だけがその時のことを忘れずに静かに降っていた。「何事もかはりはてたる世中にしらでや雪のしろくふるらん」と詠み、昔のことが思い出された。

『絵本太閤記』は、『太閤記』のポイントを要領よくまとめ、この事件を厳寒期の立山を越えたという驚くべき行為として描いている。一方、『太閤記』は、Ⅰの成政の出身・政治的立場から、Ⅴの和歌で彼の挫折感と嘆きを表現し、結びとしていることまで、短文ながら「さらさら越え」の全体像を多岐にわたる問題に目を配りつつ周到に書き記している。しかも章題に、「佐々内蔵助励真忠雪中さら〳〵越之事」とあり、驚異的な事件にとどまらず、成政の織田家に対する真実の忠義心の象徴的な快挙としておおいに褒めたたえているのだ。それはおのずと秀吉批判にもなっている。しかも、Ⅳの引用文の部分は、「真相」を検証するためのきわめて貴重な情報になっている。

3　敵の前田側はどのようにみているか

『太閤記』が詳しく描いた「さらさら越え」は、ほんとうにあったことなのだろうか。『絵本太閤記』と重複する『太閤記』Ⅲの山頂から麓の里への急降下や、里人との遭遇などは、甫庵の創作で、岡田確斎のそのバリエーションにすぎない。Ⅱは何らかの情報によったもので、Ⅴは一定の事実と甫庵の判断によるものだ。最後の和歌も、この箇所を出典とする人もいるが、天正十三年（一五八五）の大地震で、富山の城下町が崩壊したことを詠んだものだとする考えが正解だと思われる（遠藤和子説）。それを甫庵が物語の結末として採用したものであろう。問題は、Ⅳの引用文の部分だ。

『太閤記』は前述のように、成政賛美の立場で書かれている。それでは、敵対・抗争していた前田側の史料はどのように語っているのだろうか。そこで例の末森合戦を描いた『末森記』（江戸初期成立・作者岡本慶雲《けいうん》、群書類従）を俎上《そじょう》に載せてみよう。

本文の冒頭に、天正十二年の北国の政治状況——加賀・能登の前田利家（金沢に居城）と越中の佐々成政（富山に居城）の対立を記し、それが中央政界の羽柴秀吉と織田信雄の天下争いに連動していることを指摘して、次のように、「さらさら越え」に言及している。

カヽル時節ヲ内蔵助幸トヤ思ヒケン。越中立山ニサラサラ越ト云難所ヲ越。供ノモノ百計《ばかり》ニテ東美濃へ出。其コロ徳川家―（康）卿ハ内大臣信雄卿ヲ見付《みつけ》タマフニヨリ。伊勢美濃境ニテ度々合戦アリシ時。北国ヨリ切テマカリ出。御味方ヲ可仕候間《つかまつるべくそうろうあいだ》加州。濃州。越前三箇国。御本意ヲトゲラレ候ハバ。内蔵助ニタマヘカシト内府《ないふ》公ヘモ徳川殿ヘモヨクヨク申入。又サラ〳〵越ヨリ帰リ申サレ候。

「サラサラ越」、「供ノモノ百計」、信雄・家康に対面を果たすなど、『太閤記』にほぼ一致するが、家康の親切な応対、『末森記』の成政の広言（勝利の暁の三国要求）はそれぞれ異なる。ところが、最も肝心な点である「厳寒期」、つまり決行の月日はみられない。これはいったいどうしたことなのだろうか。そこで、右の引用文のあとを読み進めていくと意外なことがわかってくる。そこには、成政の謀略作戦が書き込まれているのだ。不可避の末森合戦で強敵利家に勝利するために、政略結婚をたくらんだ。すなわち、利家の次男又若《またわか》（利政《としまさ》）を娘婿《むすめむこ》に貰い受けようというもので、使者を金沢に派遣して交渉させた。それはいちおう成功したのだが、しかし真の目的は、敵情偵察と、婚姻を引き延ばし、敵を油断させ防備を整えることにあった。この文章の中に使者の佐々平左衛門《へいざえもん》の訪問が、「同年（天正十二）七月廿三日」とある。

つまり、北陸版小牧・長久手の戦い、末森合戦を控え、まず「さらさら越え」で、信雄・家康との同盟を強化してバックを固め、その後、対前田作戦に精力を傾けようとしたのだ。そのような文章のながれからすると、「さらさら越え」は、「厳寒」ではなく、なんと天正十二年の七月以前のことになるのだ。

このことは、書き間違いや読みの誤りではなく、前田利家の言行談を側近が記録した『利家《としいえ》夜話《やわ》』（改訂史籍集覧）に、現代語訳で示すと、「利家が語られたことには、柳ケ瀬合戦（賤ヶ岳の戦い〔天正十一年〕）の一年後だったか、佐々成政が尾州内大臣（信雄）と三州家康に『さらさら越え』をして面会し、本意を述べ北国五ケ国を望み、帰国し表裏を企てた」と語られている。「表裏」とは例の又若を婿に招くことで、末森合戦以前のことで、有力な史料によって『末森記』の記事が裏付けられたといえよう。

七月以前説はこの時かぎりのものとはならなかった。宝永《ほうえい》三年（一七〇六）加賀藩の軍学者有沢永貞《ながさだ》が、『長久手合戦略記』で異議を唱えた。それを現代語訳すると、「年により寒気の遅くなる時もあるが、暮秋でも不動堂まで登ることがあるというが、十一、二月のころは人の通うことはない。そのうえ今年は、前田氏との戦いは七月末から九月まで、能登の末森城合戦があり、サラサラ越えをしてその後加賀対策をおこなったのであるから、六月・七月にでも尾州や遠州へ行ったのであろう。いろいろの記録類はみな太閤記によっているのだが、月日等を記したものはない。そのうえ今年十月になって秀吉と信雄の和睦が成立したので、十一月や十二月に深雪を踏み分けて立山を越える例はない。みな詭弁《きべん》である」と強い調子で非難している。第一に、十一月、十二月に立山のさらさら峠を越える者はいない。第二に九月の末森合戦以前に決行されたものであろう。第三に、十月（十一月の誤り）に秀吉と信雄が和睦したそのあとに行く必要はない。第四に月日を記したものはない。そして結局、「さらさら越え」の出所は、『太閤記』にありとズバリ言い切っている。

江戸時代の中期には一種の地理・歴史ブームがあり、各藩の地理・歴史もあらゆる角度から調査・研究された。たとえば、加賀藩の歴史家冨田景周《とだかげちか》は、『越登加三州志《えっとうかさんしゅうし》』でこの有沢説を採用し、お墨付きを与えた。そのためそれ以降、現代に至るまで（最近はもちろん学術的研究がおこなわれている）、石川県では、厳寒期の「さらさら越え」を疑問視する向きがあり、逆に、富山県では、戦国末期の名君、佐々成政の数々の功績とともに彼一代の快挙として称賛する傾向があるようだ。

4 「さらさら越え」は事実か

有沢や冨田（「諸書の誤り皆太閤記を因襲《いんしゅう》して之に及ぶ」）のいうように、加賀側の『太閤記』の評判はすこぶる悪い。そこで今度は、多様な史料を駆使し中央政界の立場から広い視野で、戦国末期から慶長年間までの歴史を描いており、しかも比較的信頼度の高い、『当代記《とうだいき》』をみてみよう。

まず家康、信雄、秀吉の天正十二年の動向を簡潔にまとめてみると以下のようになる。

○十月十六日　家康遠州に帰陣。下旬、秀吉北伊勢を攻撃。

○十一月　家康出馬。尾張着陣以前に信雄と秀吉が和睦する。家康も了承する。

○十一月十六日　家康浜松に帰城する。次男秀康《ひでやす》（於義丸）が秀吉の養子となり、河内《かわちの》国《くに》で一万石を拝領する。

○十二月　信雄、浜松を訪れる。家康に尾張での長陣（小牧・長久手の戦い）を謝し、一両日逗留して清須に帰る。

このあとに、「同十二月、佐々陸奥守浜松へ下《くだる》、時に信雄吉良《きら》鷹野《たかの》し玉ふ間、彼地に於いて、佐々と対面有り、さてやがて帰国、上下信州を通る」の記述が続けられている。

これこそが、「さらさら」（ルート）はないが、「さらさら越え」の事実を記したものであることに間違いなかろう。箇条書き部分の十一月の信雄と秀吉の和睦、大義を失った家康も次男を人質としてそれに同意した。信雄も家康に感謝の意をこめ挨拶するため浜松に赴いた。その後、十二月（日付を欠くが）に、成政も浜松を訪れた。信雄はその時、吉良（愛知県西尾《にしお》市）で鷹狩りをしていた。その場で成政は信雄と対面し、行きと同様、信州を通って越中に帰っていった。

ところが実は、この引用文の部分には、ある史料が使われているのだ。それは、『家忠日記《いえただ》』である。これは、松平主殿助《とのものすけ》家忠の日記で、彼は十八松平の一つ、深溝《ふこうず》松平（愛知県幸田町）の領主で、直接的には酒井忠次《ただつぐ》の配下に属し、岡崎城に出仕していたが、常に家康の命令に従って行動していた。家康をめぐる戦国大名や武将の多くの合戦のみならずこの時代の中級武士の日常生活をも記録した一級史料なのだ。

「さらさら越え」の箇所を、「続史料大成」で示してみよう。

天正十二年甲申《きのえさる》十二月大《だい》（陰暦で三十日まである月）
廿五日丁卯《ひのとう》越中之佐々蔵助浜松へこし候て、吉良ニ信雄様御鷹野ニ御座候御礼申候、

□□□□むかいにてふる舞候（□は虫が食い読めない部分）

「ふる舞」とは供応することで、『武徳《ぶとく》編年集成』には、大久保忠世《ただよ》（彦左衛門の兄）宅で、家忠などの顔馴染みの面々が成政の歓迎会をおこなったとある。それはともかく、この『家忠日記』の記事によって、天正十二年の十二月二十五日（厳寒期）に、成政が浜松にやって来て、たぶん家康に会ったであろうし、吉良で信雄に対面したことが明らかになった。ただ残念ながら、ルート（さらさら越え）は確認できない。ただし本書二一一ページの地図を見ると、周囲の敵対状況からも、信州へ出るとすれば、ルートの細かな詮索もあるようだが、おのずとそれは限られたものになるだろう。途中に「ザラ岳」があり、この語感も利用し、甫庵が『太閤記』に取り入れたものであり、絶妙なネイミングで広く人々の話題となった。

ところが『武功夜話《ぶこうやわ》』には、突然、驚くべき描写が出現する。

天正甲申《きのえさる》趨晦日《しわすつごもり》酉《とり》六ツ半刻《むつはんどき》。
御舎弟前野小兵衛《こへえ》、佐々平左衛門従者三人当屋敷に罷《まか》り越し候なり。
熊の毛皮の胴着《どうぎ》、同半袴《はんばかま》、四尺に余る野太刀《のだち》を負い、頭巾《づきん》の出で立ち、髯面《ぜんめん》の中に眼光奕々《えきえき》長途憔悴《ちょうどしょうすい》して相貌《そうぼう》極《きわ》めがたし。

天正十二年趨（師走）の晦日、午後七時ごろ、前野三兄弟の末弟小兵衛勝長《かつなが》が、成政の家老平左衛門と従者三人を伴い、突如、実家に姿を現した。「熊の毛皮の胴着（上着と襦袢の間に着る防寒用の綿入れ）」以下は、まさにアルプスを越えて来たことを如実に物語る描写になっている。

このことは、『武功夜話』本文だけではなく、前野文書中の、前野家の留守居役、三兄弟の従兄弟、前野喜左衛門《きざえもん》の『日次覚《ひなみおぼえ》』（日記）にもこの事件の一部始終が詳しく記されている。

成政一行と家康・信雄との会見が不調に終わったことを記す部分のみを紹介しよう。

まず右の『武功夜話』とほとんど同じ描写がある。不意の訪問者を当主（長兄）孫九郎雄吉《まごくろうかつよし》が、前野屋敷の中の書斎、南窓庵《なんそうあん》に案内し暖をとるよう炉辺に座をすすめた。小兵衛と平左衛門は不意の来意を告げ、もてなしに感謝し、本題に入った。浜松での徳川殿との会談は成功しなかった。このうえは主人成政が、清須へ参上し、直接信雄様に面談、羽柴の無法と先君の厚恩を蔑《ないがし》ろにしていることを非難し、今回の和議の翻意を促すため尾張にやって来た。清須の首尾を待つ間、四、五日厄介になりたいと述べた。

孫九郎はじめ応対の者は返答に窮した。雑炊をすすめ囲炉裏に薪をくべ、やっと座は和んだ。小兵衛は、浜松での家康の対応を語った。今は寒中で兵も動かし難い。やがて春になれば、南方の勢力の動きも活発になってくる。我等一意同心して事を図ろう。それまでは北国の守りが大切だ。そのように家康様はおっしゃられたが、特別の確約もなく供応に預かるだけだった。

孫九郎は、家康が停戦に応じたのは、長い戦いに尾張の百姓が困窮しているのを見兼ねて判断されたのだ。再度の戦いはあり得ない。そのことをことばに表すことはできなかったが、それとなく伝えた。

一夜明けて正月を迎えた。正月三日、「清須御城蔵助殿中将様（信雄）謁見《えっけん》、佐々蔵助殿献言《けんげん》候事、北越等閑不成《なおざりならず》陽春を待示合挙兵《まちしめしあわせきょへい》の事、遂には中将様耳を貸さざる也」という残念至極の結果になってしまった。このままでは埒が明かないし、国元のことも気がかりだ。越中に籠もり、越中武者の忠義の心をご覧あれ、信長に命じられた黒母衣《くろほろ》の名誉を見事世間に示してみせようと、意気込んで、四日に富山に帰っていった。

小兵衛は、今後の前田や秀吉との戦いで死を覚悟し、末子の嘉兵衛《かへえ》を兄孫九郎に託し、家の存続を願った。

5 前野家の危機を救ったのは誰か

信雄は、十一月十五日、伊勢の矢田川原で秀吉と単独講和を結んだ。これは、秀吉の圧倒的な軍事力と懐柔作戦に屈したもので、織田家擁立を旗印に、秀吉の進出を阻止しようとした家康もこれにより大義名分を失った。長久手で勝利した家康の停戦の決断は、秀吉とのかなり長期の抗争を見通したうえでのことだったが、先の前野喜左衛門の『日次覚』が指摘しているように、尾張や三河の農民の窮状をも配慮した結果だろう。地侍《じざむらい》（土豪）や百姓の連中は、戦いの勝敗よりも和睦による和平の到来を歓迎した。なにせ本能寺の変以降でも長い戦いだった。しかも、前野家も北伊勢、濃尾国境（加賀野井・竹が鼻）での戦いに動員され、小牧・長久手合戦では彼ら一族の領地そのものが戦場になった。

それだけではなく一族・一党がたがいに敵対して戦わねばならぬ羽目になった。前野三兄弟は、長男孫九郎雄吉は信雄の傅役《もりやく》、次男将右衛門長康《しょうえもんながやす》は秀吉の重臣、三男小兵衛勝長は成政の家老だ。小牧・長久手では、長康は大坂城在番で、かろうじて直接対決は免れた。勝長は、秀吉陣営の前田と死闘を繰り返していた。信雄のやり方はともかくやっと和平が訪れた。しかし、それを覆そうと、成政は「さらさら越え」を敢行したのだ。

大晦日に、突然、勝長が実家を訪れ、孫九郎をはじめ家族を驚かせたのは前節でみたとおりだ。ところが、それ以前に予期しない出来事がおこって前野家は危機に陥った。いったいどのような事件だったのか。その経緯《いきさつ》は、これも『武功夜話』に詳しく記されている。天正十二年十二月、中将卿（信雄）は、家康公に御礼を申し上げるため、浜松城に参上すると仰せられた。孫九郎雄吉もお供をすることになった。従う者は家老滝川三郎兵衛以下、六十有余名で、隠密の行動だった。それは、於義丸君が大坂におり、間違いが起こらないよう配慮したためだ。自分が（雄吉）が岡崎の宿所へ到着したところ、夜中、松平主殿助殿が訪ねて来られて意外なことを話された。

越中の佐々蔵助此度の和議不服申し宣べ、馬乗二十有余騎雪山万里の節所《せっしょ》を越え、家康公に拝謁言上申しけるは、和議は一時の気やすめ此のまま過ぎ候哉筑前（秀吉）の狡獪《こうかい》に陥り悔いを千歳《せんざい》に残すなり。此の機を失わず共に力を寄せ合い、東北方両道より兵を用いなば、四国、中国道、九国、紀州の諸将相呼応して烟《けむり》を揚げ、腹背に敵を請け進退極る処、それがしども北国道より江州へ乱入筑前の背後を衝かば、勝利を得る事かたかるべしと風雪を凌ぎ罷り来たり候なり。

「あなたは佐々の類縁の者と聞いていています。このたびの一行の中にあなたの弟前野小兵衛殿も含まれているという話です。従うのは、佐々平左衛門ら二十騎、北国に名高い一騎当千の豪の者ばかりです。彼らが気負い立って家康公の御出馬を願い出るに違いない。そうなると、あなたが浜松に行けば、どのような迷惑を蒙るかもしれません。またもう一人の弟但馬守《たじまのかみ》（長康）殿は筑前譜代の重臣です。あなたは、中将卿が御茶筅《おちゃせん》と申されたころより二十余年、忠義を尽くされてきました。殊勝な働き、数々の苦労は何人もよく知っているところです。しかし私が心配するのは、毀誉褒貶《きよほうへん》は世の習いで、いかなる出来事がおこるかもわかりません。このたびは和睦が成立し、おたがいに家門長久、まことに結構なことです。あなたは岡崎に止まって浜松行きは遠慮されたほうがよいと思います。私から滝川殿に子細を申し上げ、とりなしを願うので、どうかお考え願いたい」と、主殿助殿は親切に忠告してくれた。

孫九郎は心底から思った。我が心中はいささかも憚るところはない。しかし、主君が細心の注意を払わなければならないこの大事の時に、あらぬ疑いを受けて思いもかけない不覚を取るやもしれない。懇切な主殿助殿の助言は本当にありがたいことだ。沢井・森の両家老に内々この由を申し含め、持病の発作がおこり、歩行が不自由になってしまったのでこの場で休息させていただきたいと願い出たところ、御承知下さった。ところが、殿はわざわざ見舞いに来てくださった。私個人のために、仮病を使って殿を偽ったことに面を上げることができなかった。孫九郎は良心の呵責《かしゃく》に苦しんだが、天下が無事に治まることを願ってのことで、兄弟の情もいまや断たねばならないと覚悟した。

次の日、中将様一行は、遠州を指してお急ぎになった。自分はその日、岡崎に止宿し、懇切に取り計らってくださった主殿助殿に重々お礼を申し上げ、在所（前野村）に帰った。

信雄が、単独講和の事情を釈明し、家康の援助に感謝するため浜松を訪れた。しかし、十二月十四日にも浜松に行っているので（『家忠日記』）、今回は、成政の「さらさら越え」対策を確認するためのものだったのではなかろうか。二十五日から大晦日の間とかなり慌ただしい。役職上、孫九郎雄吉も同道した。途中一泊した岡崎で、たぶん在番中であった松平主殿助が、わざわざ宿所に来て貴重なアドバイスをしてくれた。そのあらましは右に紹介したとおりだ。

実はこの松平主殿助こそが、『家忠日記』の筆記者松平主殿助家忠その人なのだ。一級史料

『家忠日記』によって厳寒の「さらさら越え」（ルートはないが）は証明された。それを採録して、その直前の信雄、秀吉、家康の動向をも明らかにしたのが、『当代記』だ。そのうえ、その実態の一部始終をリアルに伝えたのが、『武功夜話』だった。歴史学上の価値は低いが、事件の渦中の一端にあった前野家が我が家の存亡の危機を書き残したものであった。のちに大過のなかったことを知った雄吉は、息子の雄善《かつまさ》や一族の者を集め、この度の子細を申し聞かせ、家門長久が第一だと強く戒めたという。

『家忠日記』で成政の浜松行きを記録した松平家忠その当人が、まさに前野家の危機を救ってくれたのだ。また複数の一級史料で史実を確認することはあるが、筆記者本人が別の史料で、自らの日記の事実を証明するという実に希有な例をここにみることができるのだ。

念のために、同世代に形原《かたはら》松平にも「家忠」が存在した。しかし彼は、受領名《ずりょうめい》が紀伊守で天正十年十月十六日に死去している。ちなみに、主殿助家忠は関ヶ原の戦いの前哨戦、伏見城で討ち死にしている。祖父好景《よしかげ》は吉良氏との戦いで、父伊忠《これただ》は長篠の戦いで戦死。深溝家当主は三代にわたり壮絶な最期をとげている。いまさらながら戦国武将の死の過酷さを思わずにはいられない。前野三兄弟も雄吉が戦陣の病がもとで病死、長康は秀次《ひでつぐ》事件で自害、勝長も自ら予期していたように秀吉との戦いで戦死した。

第10章　豊臣秀次事件の真相

1　『太閤さま軍記のうち』はどのように描いたのか

文禄《ぶんろく》四年（一五九五）七月十五日、太閤豊臣秀吉は関白豊臣秀次を高野山に追放し、自害させた。そのあと秀吉は秀次の妻妾・幼児三十余人の殺害を命じ、関白の公邸聚楽第《じゅらくてい》を破壊した。家臣をはじめ多く人たちが巻き添えを食った。これを、「秀次事件」という。いったいなぜこのような前代未聞の事件がおこったのか。

本題に入るまえに永禄四年という時点についてごく簡単に触れておこう。

天正《てんしょう》十九年（一五九一）に秀吉は長男鶴松を失った。やむを得ず甥の秀次を養子にして関白の位を譲り太閤となった。『太閤記』といえば秀吉の伝記だ。しかし太閤は関白をその子に譲った人の称号で、ほかにも多くいるのだが、これ以降秀吉の代名詞のようになる。前年十八年に小田原の北条氏を滅ぼし天下統一を成し遂げたが、文禄元年には、俗に鶴松の死の悲しみを晴らすためともいわれた朝鮮出兵、文禄の役を開始する。緒戦は破竹の勢いで進撃するが、朝鮮の民衆が蜂起し、明軍も参戦、朝鮮水軍の反撃により、兵員・武器・食料不足に陥り、また寒気のために退陣を余儀なくされた。朝鮮の反対はあったが、日本と明国の間で講和交渉がおこなわれ、日本軍は朝鮮に在陣のまま休戦状態になった。しかし慶長《けいちょう》元年（一五九六）に交

秀次墓所（端泉寺）

渉が決裂し、翌二年には、再度の朝鮮出兵となる。このように秀次事件は第一次と第二次（慶長の役）の朝鮮侵略の混乱のさなかに起こった事件だ。そのうえ、秀吉はまったくあきらめていた男子（秀頼）が文禄二年（一五九三）八月三日に誕生した。この僥倖が秀吉の理性を失わせ、秀次事件のおもな背景になっていったのは多くの人の知るところだ。

この事件の全体像を最初に書き表したのが、『太閤さま軍記のうち』（戦国史料叢書『太閤史料集』）だ。事件の原因にかかわる部分をみてみよう。

秀次は、羽柴孫七郎秀次といって秀吉の甥だったので、なんの功績もなかったが二十歳以前に尾張国の領主になった。参議から権中納言《ごんちゅうなごん》、二十六歳で関白へと異例の出世を遂げる。そのため栄耀栄華を誇り、美女百余人を集め深く寵愛していた。

ところがそのうちにひどく思い上がり、非行が目立つようになっていった。ある時、鉄砲の稽古だといっては農民を撃ち殺し、弓の稽古だといっては街道を行く人びとを射殺した。またある時は、多くの罪なき者を試し切りにした。これらのことがたび重なり、「関白殿千人斬

豊臣秀次（東京大学史料編纂所所蔵）

り」の噂が立つほどになった。

それだけではなく、正親町上皇《おおぎまちじょうこう》が崩御され関白として厳重に喪に服さなければならないのに、鹿狩りをおこない、道義的にも政治的にも不適格の烙印を押された。洛中の民衆は嘲笑して、「院の御所（正親町上皇）たむけのための狩りなればこれをせつせう関白といふ」と非難した。「せつせう」は、「摂政」と「殺生」の二重の意味が掛けられている。つまり、「殺生関白」の汚名をきせられたのだ。それはたとえば、六月八日、関白は女人禁制の比叡山に女たちを召し連れて登山、根本中堂に馬をつなぎ鹿狩りをおこなった。僧侶たちが、「当山は殺生禁断なので、そのような行為はいかがなものか」と申し上げると、「ここはわが山だ自分の思いどおりにする」といって、鹿・猿・たぬき狩りをし、中堂で料理して食べた。そのうえ、「癪《しゃく》にさわることをいう」といって、貧僧たちが少しずつ蓄えておいた塩や酢のなかに犬や鹿の肉を浸した。帰途には、使用した資材や雑具をことごとく谷へ投げ捨てた。僧侶たちは無念の涙を流した。

その結果、七月八日、高野山で憂き目にあうことになる。また六月十五日には、北野天満宮に参詣、座頭をなぶり殺しにした。その時座頭が悪口を吐いた。図星をさされさすがの関白も身につまされ意気消沈した。しかしついに、七月十五日、高野山青巌寺《せいがんじ》で座頭を殺害したその刀で自害に追いこまれた。

ここで事件の原因として強調されているのは、関白の非行と残虐な行為だ。それが結果として自害を招いた。しかもそれを、「六月八日」と「七月八日」、「六月十五日」と「七月十五日」、座頭を殺害したその刀で自害と、かなり強引に、「因果れきぜん（歴然）の道理、天道おそろしき事」と結びつけ、天道《てんとう》思想による因果応報観で批判的に描こうとしているのだ。

ここではもう一つ別の原因もあげられている。それは、秀頼の誕生で危うい立場に追い込まれ動揺する秀次に木村常陸守《きむらひたちのかみ》と粟野木工頭《あわのもくのかみ》が取り入り陰謀をめぐらして謀反をすすめたことだ。秀次は、鹿狩りと称して、山の谷や峰の繁みのなかで、謀反の談合をしていると評判になった。しかも不審なことに、聚楽第から北野大仏まで三十町（約三キロメートル）にすぎないのに武装してデモ行進するという仰々しい行動をとった。

『太閤さま軍記のうち』は、作者が『信長公記』の太田牛一で、彼自身の見聞したことを慶長七、八年ごろまでに書き上げたものと考えられる。秀吉生前か没後すぐの記録で秀次を強く糾弾する姿勢も顕著だ。それゆえ、この二つの原因説と事件叙述の構成は、これ以降の秀次事件像の原型として後世に大きな影響力をもつことになる。

2　秀次は謀反を企てたのか

『太閤記』巻十七の冒頭に、要旨、次のような記述がある。

関白秀次公は尾張の領主時代とはうって変わって、関白になってからは乱れた行動が多くなった。勝手気ままな振る舞いが徐々に募っていき、多くの人びとに疎まれるようになった。鹿狩りに行く時も兵具を持たせたので、お供の家臣たちも鎧甲を挟み箱に入れ、いつでも御用にたてるようにと準備に怠りなかった。また都に近い山野で遊興する時でさえも敵が近くの砦に控えているような対応をした。そのため秀吉公に野心があるかのような風評が立った。それが秀吉公の耳に入り、「秀次公さやう（謀反をたくらむ）の御心は聊《いささか》もなかりしか共、件《くだん》の御行跡《こうせき》（行動）にては、左もいへばいはるゝ御をこなひなり。何方より申上侍るも同じさまなれば、親しき御心もかはりそめ、疑心ねざしけり」という事態になった。

『太閤さま軍記のうち』の秀次の非行と残虐な行為を踏まえていることは明らかだが、謀反については独自の見方をしている。つまり、謀反がなかったとしながらも、このような行動では謀反を起こしたといわれてもやむを得ないとしている。

秀次は本当に謀反を企てたのか。あるいは噂にすぎなかったのか。

『太閤記』（新日本古典文学大系）は、以下、秀次への使者の派遣、誓紙の提出、いちおう一件落着と話は進むが、七月四日の夜、木村常陸守がひそかに聚楽第を訪れたと秘密めかした場面があり、そのあと次のように記す。

同五日、毛利右馬頭輝元《うまのかみてるもと》より秀次公、去春白江備後守を差下如此之案紙《さしくだしかくのごときのあんし》を以、誓紙を沙汰し入魂《じゅっこん》いたすべき旨仰けるに因て、書上たる旨、石田《いしだ》治部少輔《じぶのしょう》をして彼《かの》案文をさし上にけり。かやうの品々方々より言上しければ、謀反《むほん》之御心は聊以なかりしか共、歴々の反逆人にぞ似たりける。

『太閤さま軍記のうち』にも、『太閤記』以後、秀次事件を物語化した『聚楽物語』にもみえない新説が取り上げられている。非行や残虐な行為が前節のように、具体的に表現され、時代が下り物語化が進むにしたがって尾ひれがついていく。それが読者によりいっそうリアルなイメージをいだかせる。しかしこれらは、それぞれ個性的にみえるが、たとえば、武田信玄が父信虎を追放した時も信長が家康の長男信康を自害に追い込んだ時もその理由として吹聴《ふいちょう》されたものであり、いつも使われるパターンだと思われる。勝利者側の都合のよい宣伝文句として利用されてきたものだ。そのような事情のもとで、『太閤記』のこの説は、やや違和感を感じさせるが、権力闘争である秀次事件の真相に迫る原因説としてははなはだ興味深い。ではこの説は、作者小瀬甫庵《おぜほあん》の創作ではなく、歴史史料として信頼できるものなのだろうか。これを裏付ける史料は存在するのだろうか。

それを検証するまえに、事件発生の時点から江戸時代初期における「謀反の有無」についていくつかの史料をみておこう。まず秀吉の手紙と石田三成ら奉行衆の添状が残っている。それは吉川広家《きっかわひろいえ》宛のものだ。それには、「この度、関白には、不行き届きの子細があって高野山へ追放した、変わった事はないので心配する必要はない」と記されている。また貴族の日記、山科言経《やましなときつね》の『言経卿記《ときつねきょうき》』、宮中の奥向きに仕える女官の日次記《ひなみき》『御湯殿の上の日記』には、それぞれ七月八日の条に、「関白殿と太閤と去る三日より不和のため『此間種々雑説有之』、今日関白殿下が伏見に出頭した」、「今朝関白殿のもとへ太閤より使者が遣わされた。『謀反とやらの沙汰が』お耳に入ったため」、また七月十六日の条にはそれぞれ、「昨日、関白殿下が高野山で切腹された。太閤の命によるという。言語道断のことだ。『御謀反必定由風聞也』」、「関白殿昨日十五日の四ツ刻に切腹されたとのこと。『無実ゆへかくの事候よし申すなり』」とある。いずれも、謀反の「雑説」・「風聞」・「沙汰」があったとしながらもそれが断定されてはいない。両者の最後は、「御謀反必定」、「無実ゆへ」と正反対に受け止められている。また江戸時代初期の『当代記』には、「誠は秀次逆心儀虚言と云へ共、行跡不穏便故《こうせきおんびんならざるゆえ》」とはっきり謀反は否定されている。

このように謀反を企てたと断言する史料はない。それでは、『太閤記』の右の引用文のような見解がほかにみられるのだろうか。実は三つ存在する。『ルイス・フロイスの年報』、『毛利秀元記《ひでもと》』、『武功夜話《ぶこうやわ》』だ。

第一は、『日本史』で有名なルイス・フロイスの「一五九五年十月二十日付、（長崎）発信、ルイス・フロイス師の年報補遺」（『十六・七世紀イエズス会日本報告集』同朋社）だ。そこには、動揺の極みにあった秀次は高名な大名たちに誓詞の提出を求めたので、白江備後守はまず安芸の毛利に要求したが、輝元は納得しがたいとして、「事の顛末を太閤様に言上し、いかに処すべきかと意向を尋ねた。すると太閤は彼に、関白殿から要求されている誓詞は書くようにと勧めた」とある。

第二は、『毛利秀元記』（国史叢書）で、次のように記されている。事件に先立つ五月、白江備後守の懇請により輝元は内密に誓紙を提出することにした。これに不安を感じた秀元は自らも求められ、「太閤様（にも）御同前（然）に」との文言を加えて差し出した。ところが事情をまったく知らなかった伯父元清はこのことの危険性を察知し、「彼案書を、急ぎ太閤様の御目に掛けさせ給ふより外あるべからず」と判断して、安国寺恵瓊《あんこくじえけい》を通じて太閤に報告した。「実に此儀、上様と秀次、御不和にならせられし時分、聞こへたらんに於ては、毛利の御家は、危き」ことであった。秀吉の態度が決まるまで、「固唾を呑んで」気遣いするのみであった。

両書によって、『太閤記』の記事の史料としての有効性を証明しえたと思う。フロイスは、『日本史』で定評があるが、これは、一五九五年（文禄四年）十月という事件の直後にイエズス会の本部に送信された年次報告であり、『日本史』以上に信頼性は高いと考えられる。また毛利秀元は文面にある元清の長男だ。元清は元就《もとなり》の六男だから当主輝元には伯父にあたり、秀元と輝元は従兄弟同士だ。そのうえ、秀元は輝元が遅く生まれたため、一時輝元の父隆元《たかもと》の養子になっていたほど期待された人物だった。事件当時は輝元の後見役的な立場にあった。史料としては、前者と違い一級史料ではないが、危機に直面した当事者毛利家の内部の動静を詳しく記すもので、これもまた信憑性《しんぴょうせい》を疑う余地はない。また、先にみた吉川広家宛秀吉書状は、広家が元就の三男であることから、この事件に関して、秀吉側からあえて広家を通じて、毛利家の責任は問わないとのシグナルを送ったものと考えられる。この書状は、『毛利秀元記』の信頼性を補うものとなっているといえよう。

『フロイスの年報』と『毛利秀元記』により、関白秀次から毛利輝元に誓紙提出の要請があり、危険を感じた輝元がそのことを太閤秀吉に報告したという事件は、三書に共通する事実として確認できた。ところが、『太閤記』が、「謀反之御心は聊以なかりしか共、歴々の反逆人にぞ似たりける」と断言したのはいったいなぜなのか。またそこにはどのような事情と経緯があったのか。それを解明してくれるのが、第三の史料『武功夜話』だ。

3　秀次事件の真相は

『武功夜話』の該当箇所を、最初にみておこう。

今日の御詰問は女姓（性）の甲乙に非ず、毛利侍従《じじゅう》（輝元）、太閤殿下直々に御拝謁、関白殿下謀反の萌《きざ》しあり、それがし聚楽に参向の折連判状を差し出しなされ、関白殿下へ忠節尽すべきの御判の催促これある由に候。連判状その辺の真疑（偽）の程相分らず候も、毛利侍従天下の一大事と大仰に太閤殿下へ言上候ため、殿下殊のほか御立腹なされ、此度の御詰問に相成る次第に候。就《つ》いてはその連判の内に御嫡子出雲守殿の御判も見えたる由、まことに残念なる次第、此度の一件はこのままには相済むとも思われず候。

文禄四年六月末日、秀次の後見役をつとめていた前野但馬守長康と木村常陸介は、伏見評定所に呼び出され、増田・長束《なつか》の両奉行に、「関白殿下不行跡の風聞」について詰問された。木村が必死に抗弁している時、石田三成が前野長康を別室に招いて、右のように告げた。すなわち、「謀反連判の謀議」がおこなわれ、それが毛利輝元を通じて太閤の上聞に達したというのだ。まさにこの連判状によって関白の「謀反」が断定されたのだ。

この間にどのような事情や経緯があったのか。以下、続けて『武功夜話』をみていこう。少々長くなるので、ⅠからⅣに分け、小見出しをつけておきたい。


Ⅰ〔太閤の苦悩〕文禄三年十月、太閤秀吉は、聚楽第訪問の折、前野長康の千本屋敷に立ち寄り関白秀次への不審を糺《ただ》した。「自分は関白の位を譲るにあたって『五訓（五戒）』を与え諭した。ところが、乱酒・邪淫《じゃいん》、関白として相応しくない振る舞いが甚だしいとの取り沙汰が耳に入ってくる。譲位した以上、関白を疎んじる気持ちはまったくない。御拾《おひろい》（秀頼）が成人になって関白の位を譲り受けるのは無分別のことだろうか。いったい我が子が成人するまで秀次に天下の政治を司る器量はあるのだろうか。本心を聞かせてほしい」。それに対して長康は、「拾君と関白の姫君の縁組みも決まり、殿下が我が子に位を継がせたいとお考えになるのは、人情の然らしむるところです。いろいろ風聞がありますが、少々大げさです。人には『一失二落』はあるものです。噂のような殺生・乱酒・邪淫は実際と違います。関白の職責上、月卿雲客《げっけいうんかく》との交わりで、遊楽・翫《もてあそ》びとして、花の色・女性の色香もやむを得ぬものであります。どうぞ御賢察を賜るよう願い上げます。後見役として一命にかえて諫言《かんげん》申し上げます」と答えた。

Ⅱ〔資金貸与の露見〕その後、聚楽第に出仕した長康は、木村常陸介から意外な相談を持ちかけられた。それは、「関白が太閤に内緒で、文禄元年の高麗陣《こうらいじん》（文禄の役）で疲弊した西国の大名たちに金蔵の資金を貸した。大名たちの動向が心配だったので、勘定方の白井にも注意をしておいたのだが、関白は諸将の窮乏を救うのも自分の役目ではないかと仰せられて貸してしまった。関白のお考えは間違っていないが、若君誕生以来の太閤側と関白側の不穏な関係のなかでのことで、心配していたのですが」と。ところがこの話は、その次元で止まる問題ではなかった。木村は長康に訴えた。「諸大名への金子の貸与は太閤殿下には内緒だった。ところがこれを関白殿下の我意の振る舞いと讒言《ざんげん》した者があった。そのため京都奉行前田玄以《げんい》から大坂奉行増田・長束連署の『御沙汰書』が届けられた。それには、『関白殿下御采地《さいち》(領地)貢賦《こうふ》(税金)方算用に緩みあるの如く、就いては領国蔵入地の御検地再吟味方』に及ぶという。このことを殿下に言上したところはなはだ不機嫌で終日奥に籠もり口を開こうともなさらない。近《きん》習衆《じゅうしゅう》に相談しても埒が明かない。前但殿《まえたんどの》(長康)御意見を承りたい」。これを聞いた長康は、「これは奉行衆の一存ではない。太閤殿下の御命令だ。当然讒言する者も出てくるだろう。慌てて事を荒立ててはいけない。かえって太閤殿下の御咎めを受けることになる。この度は、蔵入地の再吟味のみで他に御咎めはない。若君誕生以来、我が身の行く末に心を悩ませ大酒・女色に耽っておられる。御政道が等閑《なおざり》にならぬよう諫言するのが我々の務めだ」と答えた。木村は、「後見役筆頭の但馬殿の御意見とも思われない。関白職は天下の主《ぬし》だ。一女性(淀殿)に媚びを売る佞臣《ねいしん》どもが、太閤殿下の子への執心に付け入って、讒言を申し立てて関白の地位を奪わんとしているのだ」と声高に異議を唱えた。同席していた近習衆は顔を見合わせ俯き、声もなかった。

このあとに、「高麗陣以来軍用金借用の者覚え」として、「一、筒井伊賀守貞次《さだつぐ》　黄金二百枚」以下、「一、小川土佐守　同断二百枚」まで十七名のリストが掲載されている。もちろん、「一、毛利安芸侍従輝元　黄金三百枚」とあり、借入金高はトップである。関白から金子を借用し、一時の難を逃れた者は三十有余人に及んだと付記されている。

Ⅲ〔石田三成の心配〕文禄三年十一月二十五日、五月以来、南方薩摩に出張していた三成と長康は関白の所業について胸襟を開いて語りあった。まず長康が事の顛末の大要を述べ、それに対して三成が次のように応じた。「蔵入地吟味の一件は諸将への褒賞算出のためのもので関白殿下一人ではなく、検地は遠国薩摩にまで及ぶものだ。いろいろな取り沙汰が私の耳にも入ってきます。関白殿下は自らの地位を守ることに汲々としておられて少々お心狭く思われます。また太閤殿下も先年、煩いなされてから御機嫌が悪く何事にも苛立《いらだ》ちなされる。これは結局、和子《わこ》愛しさのあまりであるが、人情としてやむを得まい。ところが、何かにつけて江戸大納言殿（徳川家康）、加賀大納言殿（前田利家）に依頼の思案ばかりなされる。江戸殿・加賀殿は深慮遠謀の人たちだ。私が杞憂《きゆう》するのは豊臣家が分裂し、彼らに付け入れられることです。若君ご成人まで、関白を軽視することはない。いたずらに僻《ひが》み給わぬように、後見役の貴殿からも諫言を尽くしてもらいたい」と。二人は、江州以来の昵懇《じっこん》の間柄なので関白の器量を推し量りながら豊臣家の将来を案じ合った。長康は、「私はすみやかに関白の位を御返上されるように申し上げている。私のことばに頷き、その時は後悔・改心なさるようだが、大酒五体を浸し一日をへずして乱酒・放蕩《ほうとう》、心を失ったごとく、覚悟の御放埒《ほうらつ》と見受けられる」と本音を語った。「そのようではこのままでは済むまい。私が心を砕き心配しているのは内憂外患です。先の高麗陣の失敗、父子の相克で豊臣家が分裂することが内憂の因であり、江戸・加賀の両侯は野心ある者で、『一つ穴の狸』だ、これが外患の因です。自分は諸将の褒賞を捻出するため諸国を駆けまわっているが、財政はまことに厳しい」と三成は、大所高所から豊臣家の将来と安穏を第一に考えていた。長康と立場を同じくしていたし、炯眼《けいがん》・才識の人だった。

Ⅳ〔連判状の密告〕文禄四年六月末日、後見役前野但馬守と木村常陸介は、伏見の評定所で増田・長束から次のような尋問を受けた。「関白殿下は百姓・町人・下賤の婦女にいたるまで美女とあれば奪い取り、狩場への供の者が都大路を武装して行列・行進しているという風聞があるが、その実否、いかがお考えか」と。長康はいささか返答に窮したが、木村は必死で抗弁した。ところがその時、石田三成が長康を別室に呼び出して驚くべき事実を明らかにした。それが、本節冒頭に引用した、毛利輝元が太閤に直々に密告した、「謀反連判の謀議の条々」だった。これを聞いた長康は、「背に冷水を浴びたる心地にて返すことばも」なかった。そのうえ連判状に息子出雲守景定の署名もあるという。即座に覚悟を決め、「所領地を返上、伏見に蟄居《ちっきょ》」して太閤の命令を待つ旨、三成に伝えた。このことをまだ知らない木村は、関白に不行跡の段も少々あるが、後見役が諫言しているところであり、下賤の女性はすべて暇を取らせ、身元不明の者は一人もいないと釈明し、逆に風聞には証拠があるのかと反論。直接太閤殿下に弁明させてもらいたいと懇願した。奉行衆が退席したあと、長康は木村に、「書物《かきもの》露見の儀」を話して聞かせた。木村は、「無念至極なり」といって、「悲憤骨髄に達して大息して」止まなかった。二人は、すみやかに関白の位を返上し、剃髪して恭順の意を表すよう説得するため、夜中だったが聚楽第に急行した。

この「連判状」について、秀次は、「これには特別な意味はなく、自分への忠義の心を確かめるために家来たちをはじめ諸士に署名してもらったもので、太閤殿下にいささかも他意はなかった」といっている。追い詰められて分別を失っていたとしても緊迫した情勢のなかであまりにも無防備で思慮に欠けた行動だった。本人がこういっても、これでは「謀反」を企てたと断定されてもいたしかたない。

Ⅰから Ⅳで、他の「原因」説、つまり非行・殺生・女性・検地・武装行進等々が一つひとつクリアされていっている。そして結局、「連判状」に秀次事件の原因がしぼられていく。また、『当代記』以来、つい最近まで通用していた「石田三成讒言説」も、長康と三成の対話形式で展開される描き方で、三成の態度と人間性が浮き彫りになり、『武功夜話』によって完全に克服されたといえるであろう。

4　秀吉は狂乱したのか

秀次事件が人びとを恐れおののかせたのは、関白秀次の自害よりもむしろ妻妾たちの殺害によると思われる。秀次の妻妾三十九人と幼児たちが、罪もないのに秀吉の乱暴で残虐な行為の犠牲になった。それはまさに、「いづれも根をたちて、葉を枯らしつつ御成敗」と『太閤さま軍記のうち』が指摘するように、秀頼の世に後顧の憂いを残すまいとする異常な執念がもたらしたものだった。まさに太閤秀吉は狂乱したのかと疑わざるを得ないほどの白昼の虐殺がおこなわれた。

実は彼女たちのなかに、前野家にゆかりの深い女性がいた。それが、『太閤さま軍記のうち』に、「一、おたつ　尾張の国、山口少雲息女、十九歳、若君あり。つまゆへにさかりの花とおもふ身も吹かぬ嵐にちるぞ物憂き」とある。また『太閤記』にも、「お辰御方、十九歳、山口少雲息女、姫君有　かぎりあれやなにを恨みんから衣うつゝに来たりうつゝにぞ去る」に、処刑の場面で母親に抱きつく頑是ない幼子とのやりとりの描写が付け加えられて書き記されている。姫君は若君の誤りだろうが、彼女が注目されたのは、幼児の存在によるのだろう。しかしこれ以上の消息はまったくわからない。唯一、『武功夜話』のみがそれを詳しく教えてくれる。

文禄四年七月十五日に秀次が高野山で自害する。側近衆の一人だった前野長康の嫡男出雲守景定も同罪で切腹を命じられ殉死する。長康も責任をとって自害し果てる。そのため家臣たちもちりぢりになり、残った前野清助ら六、七人は、伏見の屋敷を去り、京の清水谷に隠れ住んでいた。三条河原の高札で妻妾たちの処刑を知り、そのなかにお辰様の名があることを武藤兵助がひそかに確かめてきた。すべてを失った清助たちはすがる思いでお辰様の最期を見送ろうとした。

お辰は尾張国星崎の山口半左衛門重勝《しげかつ》の息女で、前野家には親戚にあたる。織田信雄《のぶかつ》が小田原の陣ののち下野《しもつけ》国に追放され、前野家は所領地を失ってしまう。そのあと領主になったのは三好孫七郎秀次だったが、山口のとりなしで領地を回復することができた。お辰が十二歳の時、秀次の目にとまった。ひとまず長康の養女とし、成人をまって御殿に上がることになり、千本屋敷で行儀作法などの躾をうけた。長康の息女おたいとは六つ違いで、実の姉妹のように仲むつまじく過ごしていた。景定の奥方（細川忠興《ただおき》の娘）とも三つ違いで三人ともにキリシタンだった。

八月二日、三条河原の処刑は高札のとおり執り行われた。清助たちは、お辰様の最期を見届けようとして、人波をかきわけて土《ど》壇場《たんば》に近づこうとしたが、見物の群衆にはばまれて近寄ることはできない。対岸に渡り、どうにか処刑の場所に臨むことができた。河原には一面に尾花が咲き乱れ白妙を敷きつめたようだったが、雲がたれこめ重苦しい雰囲気におおわれていた。

川波は高く、無体な仕置きを恨むかのような群衆の念仏の声が松風に乗って静かにしかもその場を圧するかのように響いてきた。いよいよ最期の時を迎えた。
無慈悲な河原者は、幼子を脇に抱えひと突きで命を奪い、屍を河原の穴に投げ込んだ。荒むしろの上に引き据えられていた妻妾たちは、この様子をみて、自らの身を省みず駆け寄り、幼子を抱きあげ声をかぎりに泣き叫んだ。すでに命の絶えた我が子の顔をなでさすり、この世の嘆きのかぎりを尽くした。親子の情愛もつかの間のものだった。群衆たちは目前の地獄をみて、目を覆いことばもなかった。一番、二番、三番と進み、お辰様の番となった。

清助殿始め一同の者思わず乗り出し、竹垣砕けんばかりに握りしめ、乗り越うるは手易けれども陣幕の間なる検使の役人ども、眼をいからせ床几に腰打ち据えたるは、さむ憎々しく思えども是非なき事に候なり。御辰様の当日の御装束は、白むくの経帷子《きょうかたびら》を身にまとい、上に薄墨の衣を着重ね数珠を御手にして、静かに天帝主に合掌なされ、荒くれ武者の打ち下す一太刀にて、哀れ十九歳の御一期御身体了《おわる》、実に儚《はかな》き御生涯に候なり。

この日の処刑は、正室をはじめ女房たち三十九人がその日のうちに成敗された。前代未聞のことだった。遺骸は河原の大きな穴に投げ入れられた。哀れな最期に群衆は立ち去りかね、念仏を称え立ちすくんでいた。この日、午後三時ごろに時雨が降った。念仏を称えながら、一同が清水谷に帰ったのは、午後五時ごろで、陽も西山に傾き、世の無情を嘆き悲しみ、涙をこらえられなかった。おもいがけない前野家の難儀、主人を失い、領地も召し上げられ、住家もない。かえすがえすも口惜しい次第だ。過去のことが際限なく思い出され、皆、思い思いに都を立ち退いた。

前野長康の秘書役ともいえる前野清助義詮《よしまさ》が後日、『武功夜話』の編著者雄翟《かつかね》に語ったものだからかなり抑制がきいていると思われるが、悲哀と悲痛にみちている。処刑場と目前の処刑の有様、その場を支配し刻々と変化する異様な雰囲気、群衆の嘆きと念仏の声、清助自身の感情、それらが悲しみに埋没することなく語り尽くされている。主家と主人を失い、一家離散という青天の霹靂にあい、落胆と混乱のなかで表現される妻妾処刑の描写の根底には、老い衰えた太閤秀吉に対する深い恨みの感情が流れているといえよう。

5　前野長康の苦悩と死

文禄元年（一五九二）六月一日、前野長康は軍監として朝鮮に出陣した。総大将は秀吉の養子浮田秀家。奉行衆は石田三成・増田長盛・大谷吉継《よしつぐ》、他の軍監は加藤光泰《みつやす》・長谷川秀一《ひでかず》・木村重茲《しげこれ》で、長康が、渡海できない秀吉に代わって、現地での最高指揮官になった。すでに六十二歳、再三辞退したにもかかわらず秀吉のたっての願いで老体に鞭打っての奉公だった。但馬衆（前野隊）が全軍の最後に帰国したのが二年十一月、一年半にすぎないが長康にとって、秀吉に従って戦陣に赴いた三十余年の締めくくりとしてはあまりにも過酷な体験となった。この間の戦い（文禄の役）について、『武功夜話』は詳細かつ綿密に描いており、他の追随を許さない。しかし残念ながらここでは二点のみを紹介するにとどめざるを得ない。

第一は、開戦早々、平壌（ピョンヤン）まで攻め上った小西行長が開城（ケソン）の小早川隆景陣所まで退却した、二年正月の時点のこと。何度使者を送っても指令が徹底しないことに業を煮やした秀吉が最後の切り札として、最長老浅野長政・黒田孝高《よしたか》を派遣した。両使者は秀吉同様、小西は平壌城を占拠し、他の大名もそれぞれの拠点を死守していると確信していた。ところが、加藤清正軍を除いてほぼ全軍が臨津江（イムジンガン）の北、開城まで退陣していることを知って激怒、奉行衆・軍監衆を詰問した。

「去る十月ごろから赤国（全羅道）の農民一揆が激しくなり、釜山浦からの兵糧の補給がとだえてしまい、玉薬・兵糧を送るよう嘆願したが聞き届けられない。各陣所では雑炊を食べて食いつないでいるがあと二十日も持たない。明国が参戦し、赤国一揆の制圧もできず挟み撃ちにあっている。朝鮮の都から明国の境まで百有余里、そこまでの各城の諸将は鉄炮を惜しみ腹支度もできずどのようにして戦えというのでしょうか。そのうえ、明国の大軍十万余騎、胡馬《えびすうま》に乗った騎兵隊が一万余騎、我が軍の先鋒隊は弓矢で防戦しても抗しがたいのは自明です。朝鮮在陣の軍勢は十余万、しかし広大な戦場に展開しており、都城には五万にも満たない。しかも我が国と気候風土を異にし、凍死の者が後を絶たない。すでに七千余人を下らないと聞いています。このような状況のもとで、平壌の小西をはじめ各城の諸将は和戦両用の構えで太閤殿下の拠点を死守せよとの命令を守ろうとしたが、明軍の数百門の大砲攻撃に、城を明け退却せざるを得なくなりました。一兵になってもこの地に踏み止まり野戦で勝負を決しようと覚悟しております」と、三成が釈明した。

ところが浅野は憮然たる面持ちだった。そこで、巨済島（コゼド）付近の海賊により日本の水軍百余艘が壊滅的打撃をうけた。朝鮮ではゲリラ作戦がおこなわれ、農村には女・子供・老人ばかりで兵糧の現地調達ができない。十一月ごろからは明国軍の大砲と騎馬による攻撃が予想をはるかに上まわり、ついに小西が平壌城を守りきれなかった等々を長康が補足、太閤の命令に背いたことを謝罪した。そのうえ、臨津江まで退却したのは、明軍をここで迎え撃とうと考えたためで、この作戦はみごと図に当たり、碧蹄館（ピョクジェグアン）で大勝した。敵も再度の渡河をあきらめたようなのでこの機会を逃さず、「和睦の取り極めこそ肝要」だと申し上げた。このような二人の詳細な説明に、命令違反の糾弾をと意気込んで来た浅野・黒田も、朝鮮軍に海上権を奪われ太閤の指令が間に合わないこともわかり、納得せざるを得なかった。事実、海上の日本水軍は壊滅状態で、このままでは、朝鮮在陣の十万の兵は二度と祖国の地を踏めないであろうという三成・長康の切迫した危機感に、現地の窮状を目のあたりにした両使も命令違反をもかえりみず、それを咎められなかった。

もう一点は、かろうじて故国の土を踏んだ前野清助がこの戦いについて述懐したことだ。

我等生涯に斯《か》くの如く心細く存じ候事嘗《かつ》て相無し、出立《いでたち》候いてより二歳、万里の辺土に東西駆け廻り何辺《なへん》の名目も相無く候。高麗、大唐打ち果しを仰せ付けられ候も、太閤殿下の野心も潰れ去り、惣別《そうべつ》高名手柄も相立たず、釜山浦に群集の諸勢上下顔色枯衰《こすい》、痩骨《そうこつ》食を求めて相争い、山々に薪をさがし求め或いは在家を打ち毀し、思い思い我身大事と心懸け、鉄炮には赤く錆を生ずると雖も顧みず、忠節の心を失いたるは古今未聞の題目なり。それがし御陣仕りて三十有余年、釜山浦の出来を思うに付き、まこと空虚の御陣に候なり。

この文章の内容を要約してみよう。私は、主君長康に従い長い間、あちらこちらと転戦に明け暮れる日々だった。しかし今回ほど心細いいくさはなかった。「何らの大義名分」もなく、太閤殿下の「朝鮮・明国侵略の野望」もついえさり、武士の戦う目的である「高名手柄」も立てられない。敵と戦う以前に食料不足と寒さのために次々と倒れていく。精神的にも荒廃し、「太閤殿下への忠節の心を失い、いままで聞いたこともない戦い」だった。三十余年にわたり、多くの合戦を経験してきたが、この朝鮮での戦いは、「まったくむなしいもの」だった。

これは、いい尽くせないほどの辛酸をなめ、多大の犠牲を払って、かろうじて一命を取りとめた、前野清助の心底からの感懐だ。

この「空虚の御陣」ということばは、きびしい体験がいわせたものだが、一言で秀吉の朝鮮侵略の本質を完璧に表現しえている。と同時にこのような愚行をあえておこなった秀吉に対する憤りと手きびしい批判も込められている。その意味で、すぐれて近代的な認識を示しており、侵略を肯定する他の多くの史料にはまったくみられないものとなっている。

長康は帰国後すぐに大坂城に登城し朝鮮の現状報告と嘆願をおこなった。太閤は機嫌がよく茶の湯で苦労をねぎらい、引退し国元に戻ることも許された。ところが、年末に病床についた太閤を見舞いに参上すると、突然、関白の補佐（後見）役に就くよう要請された。実子誕生が太閤と関白の軋轢《あつれき》を生じさせていたのだ。やっと朝鮮出兵の重荷をおろしたばかりなのに、太閤の信頼が厚いゆえに、またまた困難な役回りを引き受けざるを得なかった。その結果、先のような秀次事件の憂き目をみる羽目になる。それは、前節でみたとおりだ。

石田三成から、「謀反連判の謀議」に息子景定が連座していると聞いた長康は、即刻、所領地を返上し伏見屋敷に蟄居、太閤の命令を待つ旨を申し上げた。太閤からは追って沙汰するので、謹慎しているよう指示があった。しかし、秀次と景定をはじめ近習衆が切腹したあと、七月十九日、六漢の寺で自害して果てた。享年六十五歳。介錯は前野清助がつとめた。遺骸はその寺に葬り、遺髪は高野山へ納めたが、その一部を清助が在所に持ち帰った。形見の品として戦場で愛用した茶釜ただ一つをそれに添えた。辞世の歌は、「限りある身にぞあづさの弓張りてとどけまいらす前の山々」という前野村への望郷の思いを詠んだものだった。『武功夜話』には、「関白秀次卿悪縁あるにより、御嫡子出雲守様書付け連座御咎めのため、前野家改易、爰《ここ》に断絶畢《おわる》」と記されている。

清助は出家して常円と改め、供養のため前野村に観音寺を建立した。元和《げんな》八年（一六二二）五月に死去。清助は『武功夜話』成立の大功労者である。

おわりに

私は一九七八年（昭和五十三）に名古屋の愛知淑徳短期大学に勤務することになりました。それまで近世初期の実録系仮名草子を研究していたのですが、これを契機に、せっかく名古屋に来たのだからとすすめてくれる人がいて、小瀬甫庵の『太閤記』の研究に手を付けることになりました。ところが、そのころ参考文献といえば、桑田忠親氏の『太閤記の研究』だけでした。しかも桑田氏は『太閤記』を「歴史評論」であって、「改竄や偽作」が多く歴史の史料としても、「史書」としても評価できないとする判断を下していました。しかし、軍記文学として取り扱おうとする私にはかえって好都合でした。そこから研究方法の模索が始まりました。古文書を基本にしつつも、他の戦国軍記との比較をとおして、桑田氏の『太閤記の研究』をまねて、「太閤記の文学的研究」を目指そうとする方向が徐々にみえてきました。そのうえ秀吉の人気の秘密は一次史料のみによるよりも軍記物語によってこそ解き明かすことができるのではないかとも考えるようになりました。

このような折に強い味方になってくれたのが、『武功夜話』でした。「はじめに」で少し触れましたが、私は『武功夜話』を読み込んでいくうちに、二十一巻本の大部分が寛永年間に吉田

（前野）雄翟によって書かれたものだと確信するようになりました。それは、同じ寛永年間成立の『太閤記』や慶長末年成立と考えられる『信長公記』と時間的にも空間的にも同じ基盤に立っていることを実感できたからです。

『武功夜話』とのかかわりは、私に別の世界の扉をあけてくれました。それが生涯学習の場でした。それは今池の中日文化センターで『信長公記』を読むことから始まりましたが、読了後受講生の要望もあり、栄の中日文化センターに場所をかえて、『武功夜話』を読み進めました。多少の出入りはありましたが、コンスタントに二十五名から三十名の受講者があり、約十年をかけて二十一巻、全巻を読了しました。受講生のみなさんは、熱意だけではなく、郷土の戦国史に強い関心をもち、なによりも『武功夜話』と生活圏を共有する人たちでしたので、自分たちの先祖の話という実感をもって受け止めてくれました。北海道出身の私にはうらやましく思われましたが、本当に楽しく勉強させてもらいました。また口コミで広がり、名古屋市の生涯学習センターや地方自治体の生涯学習講座に招かれ、信長・秀吉や徳川家康と『武功夜話』の関係について話す機会を得ました。これも幸運なことでしたが、いささかなりとも広告塔の役割を果たせたのではないかと自負しています。なお、これらの講座で話したテーマのうち十項目を選んで文章化したものを本書に収めました。

「偽書《ぎしょ》」説は一段落つきましたが、いろいろと問題は起こってきます。それらに惑わされずに、できるだけ多くの人に、『武功夜話』の中身を知ってもらいたいというのが切なる願いです。

内容を紹介するものとして、瀧喜義氏の『前野文書が語る戦国史の展開』、『武功夜話のふるさと』、『武功夜話のすべて』、新人物往来社編の『武功夜話の世界』などがあります。刊行からかなり時間が経過していますが、主要な図書館に行けば読めるでしょう。

本書はやや読みにくいかもしれませんが、それらの諸書とは少し切り口をかえて、『信長公記』や『太閤記』の疑問や問題点を、『武功夜話』で読み解いてみようと試みたものです。お読みいただいたのをきっかけにして、『武功夜話』そのものを味読していただければ幸いです。

私が定年になった、その絶妙なタイミングで声をかけていただきどうにかこの日を迎えられました。定年後を故郷北海道に戻って母親と暮らすことになり、細切れの執筆時間しかとれず三年もかかってしまいました。この間、忍耐強くしかも穏やかに励まし、適切なアドバイスをいただきました林桂吾さんに心からお礼を申し上げます。

遥かに雪の残る大雪山連峰を望む北海道の寓居にて

二〇一三年五月吉日

阿部一彦

[著者略歴]
阿部一彦（あべ・かずひこ）
1944年、北海道生まれ。
1972年、早稲田大学大学院文学研究科修士課程日本文学専修修了。博士（文学・早稲田大学）
現在、愛知淑徳大学名誉教授
主な著書に『「太閤記」とその周辺』（和泉書院、1997年）、『近世初期軍記の研究』（新典社、2009年）、『戦国軍記事典　群雄割拠篇』（和泉書院、1997年）、『戦国軍記事典　天下統一篇』（和泉書院、2011年）、「信長・秀吉像の変遷」（『信長公記を読む』吉川弘文館、2009年）などがある。

カバー絵／『絵本太閤記』から
装幀／夫馬 孝

『武功夜話』で読む信長・秀吉ものがたり

2013年9月18日　第1刷発行　（定価はカバーに表示してあります）

著　者　　阿部　一彦
発行者　　山口　章

発行所　名古屋市中区上前津2-9-14　久野ビル
電話 052-331-0008　FAX052-331-0512
振替 00880-5-5616 http://www.fubaisha.com/
風媒社

乱丁・落丁本はお取り替えいたします。
＊印刷・製本／モリモト印刷
ISBN978-4-8331-0562-0

小松史生子 編著

東海の異才・奇人列伝

徳川宗春、唐人お吉、福来友吉、熊沢天皇、川上貞奴、亀山巖、江戸川乱歩、小津安二郎、新美南吉…なまじっかな小説よりも面白い異色人物伝。芸術、芸道、商売、宗教、あらゆる人間の生の営みの縮図がここに！

一五〇〇円＋税

高木 洋 編著

宣教師が見た信長の戦国

フロイスの二通の手紙を読む

家臣たちは〝猛牛を目の前にしたかのように〟信長を恐れた——。信長がその人生で初めて会った西洋人ルイス・フロイス。彼の目に信長とその時代はどう映ったのか？ 最新の遺跡発掘調査も紹介する。

一六〇〇円＋税

千田嘉博

天下人の城

信長から秀吉・家康へ

戦国期から江戸時代のはじめにかけ、どのように城が変わっていったか。清須、小牧、岐阜、安土、名古屋城…天下人たちの重要な城を選び、歴史学、考古学、地理学などの学問分野の連携によって、その全貌に迫る。

一六〇〇円＋税